Université de France. — Académie de Toulouse.

DROIT ROMAIN. — De Aleatoribus et de Condictione ob turpem causam.

DROIT FRANÇAIS. — Du Jeu, du Pari & des Jeux de Bourse.

DISSERTATIONS
POUR LE DOCTORAT

Présentées devant la Faculté de Droit de Toulouse.

Par Émile CLOLUS-FROMENT.

TOULOUSE,

IMPR. AYRET, PRADEL ET Cie

PL TRINITÉ, 12.

Université de France. — Académie de Toulouse.

DROIT ROMAIN. — De Aleatoribus et de Condictione
ob turpem causam.

DROIT FRANÇAIS. — Du Jeu, du Pari & des Jeux
de Bourse.

DISSERTATIONS

POUR LE DOCTORAT

Présentées devant la Faculté de Droit de Toulouse,

Par Emile CLOLUS-FROMENT.

TOULOUSE,

IMPRIMERIE BAYRET, PRADEL ET Cᵉ,

PLACE DE LA TRINITÉ, 12.

—

1859.

A mon père. A ma mère.

DROIT ROMAIN.

TITRE PREMIER.

De Aleatoribus.

(DIG., Lib. XI, Tit. V; CODEX, Lib. III, Tit. XLIII.)

Les peuples anciens ont toujours eu une grande
prédilection pour les exercices du corps. Chez les
Grecs, les jeux olympiques étaient une institution nationale; le gymnase faisait partie de l'éducation des
hommes. Chez les Romains, les combats de rameurs,
la palestre, le ceste, la course, le tir de l'arc, et tous
les exercices propres à développer les forces, à entre-
tenir le courage, à former de robustes et vaillants
guerriers, furent longtemps en honneur. Dans le cinquième livre de l'Enéide, Virgile a tracé une admirable
description des jeux auxquels se livraient les futurs
fondateurs de la ville éternelle, avant d'entreprendre
la conquête du Latium et du monde entier. L'usage s'en
conserva sous les rois et dans la première période de la
République. Aux jours solennels, à l'occasion des fêtes
religieuses, le peuple assistait, sur le Champ de Mars,
à ces récréations traditionnelles qu'il aimait alors avec
passion : des prix étaient décernés aux vainqueurs et
devenaient un titre de gloire pour ceux qui les avaient
obtenus. Plus tard, lorsque la jeunesse se fut corrom-
pue et affaiblie, les fêtes du Champ de Mars tombèrent

en désuétude, ou du moins elles prirent un caractère différent ; car les instincts de la foule ne changèrent jamais. Aux luttes utiles et fécondes en résultats politiques, aux combats inoffensifs des athlètes, aux assauts d'armes, au gymnase, aux jeux d'adresse qui procuraient à l'État de vigoureux citoyens , succédèrent les hécatombes de gladiateurs et les sanglantes tragédies des arènes.

A la même époque, le goût des jeux de hasard se répandit dans Rome. Inhabiles à supporter les pénibles travaux de leurs ancêtres, les jeunes patriciens s'adonnaient aux funestes enivrements d'un jeu récemment introduit en Italie : les dés (1).

Les dés furent le principal jeu de hasard des Romains. Il paraît qu'ils entraînèrent très promptement de graves abus ; aussi ne tardèrent-ils pas à être réprimés , et du temps de Cicéron ils avaient déjà été proscrits par un sénatus-consulte, qui fut appliqué à un certain Licinius Denticula, ami d'Antoine.

On n'est pas d'accord, il est vrai, sur la date et la teneur de ce sénatus-consulte. Est-ce de lui qu'a voulu parler Paul (l. 2), quand il dit : Senatus-consultum vetuit in pecuniam ludere, præterquam si quis certet hasta, vel pilo jaciendo, vel currendo, saliendo, luctando, pugnando, quod virtutis causa fiat? Pothier affirme que le texte législatif dont Paul fait mention

(1) Nescit equo rudis hærere ingenuus puer,
Venarique timet, ludere doctior
Seu græco jubeas trocho ,
Seu malis vetita legibus alea.
(Horace, 3. od. 24).

dans la loi 2, sous le nom de senatus-consultum, est le même que celui qu'il appelle édit, dans la loi 1, § 2, parce que, suivant lui, les édits des premiers empereurs étaient en général confirmés par des sénatus-consultes. On les nommait donc tantôt edictum et tantôt senatus-consultum.

Si le sénatus-consulte de la loi 2 n'est pas antérieur à Cicéron, il est incontestable, néanmoins, qu'à l'époque où vivait le grand orateur, une loi avait été rendue sur les jeux de hasard. Le doute est impossible en présence de la phrase suivante, qui est empruntée à la seconde Philippique, n° 23 : Licinium Denticulam de alea condemnatum, collusorem suum, restituit. Et plus loin : Hominem omnium nequissimum, qui non dubitaret, vel in foro, lege quæ de alea est condemnatum, in integrum restituit. Antoine a réhabilité Licinius Denticula, qui avait été condamné en vertu de la loi sur les jeux de hasard, quæ de alea est; il lui a accordé la restitution in integrum, et Licinius était son collusor, son complice, son associé au jeu.

Ainsi, dès que la fureur du jeu se fut propagée et amena des excès, un sénatus-consulte intervint pour la réprimer; c'est un point indiscutable. Mais quelles étaient ses dispositions? Elles ne nous ont pas été transmises intégralement. Toutefois, il est bien probable que Paul a voulu les résumer dans la loi 2, malgré l'opinion contraire de Pothier. La loi 1 se sert du mot edictum. Elle concerne évidemment un édit promulgué sous les premiers empereurs. La loi 2 se sert du mot senatus-consultum. Il est permis de croire que cette

différence a sa raison d'être; et s'il est juste de prétendre que l'une des deux expressions puisse être indiffé-
remment employée pour l'autre, il ne faut pas en
conclure pourtant que Paul n'ait pas entendu rapporter
un document de la législation qui avait précédé son
siècle. Or, c'est précisément ce qu'il semble faire, en
écrivant avec un regrettable laconisme qu'un sénatus-
consulte a interdit de jouer de l'argent, in pecuniam
ludere, excepté à l'occasion des jeux d'adresse corporelle (1).

A quelle date, enfin, remonte le sénatus-consulte
cité dans la seconde Philippique? Aucun renseignement
précis ne nous est parvenu à cet égard; mais il est à
présumer qu'il est à peu près contemporain de Cicéron;
nous le plaçons approximativement dans le vii⁰ siècle
de la création de Rome, de l'année 600 à 711.

De nombreuses maisons de jeux s'étaient établies
dans presque tous les quartiers de la ville. Les fils de
famille, les esclaves, les courtisanes, s'y rendaient en
secret; car elles étaient sévèrement prohibées. Il fut
bientôt nécessaire d'affecter un édile spécial à leur surveillance. Sénèque, y faisant allusion, les désigne par
une périphrase qui nous montre qu'elles redoutaient
son contrôle, loca ædilem metuentia; mais il ajoute
aussi qu'elles parvenaient à échapper le plus souvent
aux investigations de la police des quinque viri et des
gardes de nuit (2). Il n'est que trop prouvé, en effet,

(1) M. Troplong admet notre système ; *Contrats aléatoires*,
p. 246.
(2) De vita beata.

que la vigilance de l'édile n'arrêta point leur immense
envahissement. Pour une qu'il découvrait et fermait, il
s'en ouvrait plusieurs autres chaque jour. C'étaient des
lieux de débauches et de scandales dont les bonnes
mœurs étaient constamment affligées. Les poètes latins
nous en ont gardé les tristes peintures. Juvénal raconte
que les joueurs s'y faisaient accompagner par des esclaves qui leur portaient des cassettes pleines d'argent ;
et tel maître qui refusait à son famulus une tunique
pour le garantir du froid, risquait 100 sesterces sur un
coup de dés.

On pénétrait dans les maisons clandestines à l'aide
de signes mystérieux et conventionnels, au moyen de
mots de passe qui étaient communiqués aux affiliés seulement. De nos jours il en est encore ainsi. Les traditions n'ont pas varié avec les siècles, et les entrepreneurs modernes de ces honteuses industries n'ont eu
qu'à copier les usages des académies romaines. Aujourd'hui, comme autrefois, les soins de la police demeurent bien souvent impuissants à contenir tous les
abus et à dépister toutes les fraudes. Si les recherches
sont actives, les manœuvres réussissent bien des fois à
les déjouer. C'est ce qui justifie l'application que leur
fait M. Troplong de cette pensée de Tacite : Hoc genus
in civitate nostra et semper damnabitur et semper reti-
nebitur.

Une coutume très curieuse à signaler ici est celle
que Martial nous apprend à propos des saturnales. Pendant le mois de décembre, licence complète était accordée au jeu. Il y avait, en quelque sorte, armistice en-

tre l'édile et les joueurs. Il était ouvertement permis
de jouer, et toutes les classes de la société, patriciens
et plébéiens, jeunes et vieux, patrons et esclaves,
s'abandonnaient librement à leur passion favorite. Les
saturnales ne duraient qu'un mois. On se hâtait de profiter de cette trop courte tolérance. Aussitôt qu'elles
commençaient, les joueurs se jetaient aveuglément au
milieu des plus redoutables excès; car il fallait ensuite
attendre toute une année le retour d'une semblable faveur. Après en avoir été officiellement privés, ils en
usaient sans aucune retenue et sans le moindre scru-
pule de compromettre leur patrimoine. L'édile est inac-
tif : plus de crainte d'être surpris; donc plus de motif
de se modérer, et les sesterces disparaissent, passent
de main en main, se perdent et se gagnent en un clin-
d'œil.

> Nec timet ædilem moto spectare fritillo,
> Quum videat gelidos jam prope verna lacus.

A la fin du mois de décembre, les choses rentraient
dans l'ordre apparent; la loi reprenait son empire. Sa-
turnalia transiere tota, dit encore Martial; et maintenant le joueur, qui se laisse entraîner dans la taverne
clandestine, tremble d'être découvert par le terrible
édile, dont le pouvoir est redevenu rigoureux.

On appelait généralement aleatores les joueurs de
profession, ceux qui en faisaient un métier ou une habitude constante; ils étaient réputés infâmes par la loi,
et leur témoignage ne pouvait pas être reçu en justice.

Cujas rapporte qu'ils répudiaient la qualification

d'aleatores pour adopter celle de tesserarii. C'était une coquetterie de langage à laquelle personne ne se méprenait, parce qu'entre ces deux termes la différence est à peu près la même qu'entre fur et latro.

Du reste, le Préteur les traitait très durement : ceux qui tenaient des maisons de jeux étaient surtout châtiés par lui avec une impitoyable sévérité. Il les regardait comme tellement odieux, qu'il leur refusait toute action pour les insultes qu'on leur aurait faites, les coups qu'on leur aurait portés, les dommages qu'on leur aurait causés, ou les vols dont ils auraient été victimes, pendant le temps qu'ils recevaient les joueurs chez eux (1). Il estimait que leur propre turpitude ne les rendait pas recevables à se plaindre des délits qui étaient commis sur leurs personnes ou leurs biens. Il les mettait hors la loi, hors du droit commun.

Quant aux joueurs ordinaires, collusores, ils n'étaient pas traités aussi rigoureusement que les susceptores. Si rapinas fecerint inter se collusores, vi bonorum raptorum non denegabitur actio (2). Ils avaient action les uns contre les autres pour la réparation des dommages auxquels donnaient lieu leurs violences réciproques, et pourtant ils sont indignes, quamvis et hi indigni videantur. Nous examinerons tout-à-l'heure la théorie de l'indignité des joueurs, qui amène de singuliers effets dans leurs relations postérieures au jeu. Il suffit d'énoncer, pour le moment, qu'ils ne sont pas dépouillés des facultés de droit commun qui semble-

(1) L. 1, proœmium.
(2) L. 1, § 1.

raient devoir leur être refusées, en considération des actes coupables qu'ils consomment par le seul fait de jouer de l'argent, parce que le Préteur a pensé que les principes de l'équité naturelle sont applicables à tous les citoyens, ex æquo et bono, quelle que soit leur infamie. S'il a posé une exception extraordinaire au préjudice des susceptores et leur a dénié l'action en revendication des objets qui leur ont été soustraits (1), c'est que leur infamie est beaucoup plus grande et plus dangereuse pour l'ordre public, puisqu'ils sont les auteurs et les propagateurs du vice.

La haine du Préteur contre les susceptores était si grande, que l'action pour coups et dommages leur était déniée, alors même que les faits dont ils auraient eu à souffrir se fussent passés ailleurs que dans leurs maisons de jeux. Ubicunque et quandocunque verberatum quidem et damnum passum, § 2. Quant à l'action de vol, elle ne leur était refusée que dans un cas : celui où le voleur se serait emparé d'un objet du susceptor dans sa maison même. Furtum factum domi, et eo tempore quo alea ludebatur, licet lusor non fuerit, qui quid eorum fecerit, impune fit. Ce passage semble pourtant renfermer une distinction entre le moment où l'on ne jouait pas dans la maison et celui où l'on y jouait. Le membre de phrase eo tempore quo alea ludebatur, doit-il être accepté comme une limite à l'impunité du voleur? Puisque le susceptor est sans protection contre le vol qui est commis dans son domicile, le Préteur

____

(1) Susceptorem enim duntaxat prohibuit vindicari, non et collusores, l. 4, § 4.

a-t-il voulu scinder son système, en admettant que le droit anormal cesse pour le furtum, s'il n'a pas été accompli à l'occasion du jeu et pendant que les joueurs étaient occupés à jouer? Au premier abord, on est tenté de croire que le moyen terme n'est pas possible. Nous voyons, en effet, que l'impunité est assurée à tous les voleurs, joueurs ou non, licet lusor non fuerit, ce qui indiquerait que la latitude est sans borne. Que ce soit un des collusores qui ait dérobé la chose du banquier(1), ou que ce soit une personne étrangère, peu importe, pourvu que le furtum ait lieu dans la maison, factum domi. Donc, la question de temps paraît inutile. Cependant, il est manifeste que la restriction existe. Nous ne saurions regarder comme une superfétation le membre de phrase qui l'établit. Sans doute, le susceptor est indigne de toute faveur; mais ce n'est pas lui en procurer une que de lui permettre de revendiquer ce qui lui a été soustrait à une époque où il n'était pas coupable d'un délit. Le voleur, en outre, n'est-il pas aussi indigne? Pourquoi dès-lors créer à son profit un avantage que notre texte ne contient pas?

Ainsi, le voleur ne sera pas à l'abri des poursuites du susceptor, toutes les fois que le vol aura été consommé dans un moment où les joueurs n'étaient pas occupés à jouer. Aussitôt que le jeu cesse, le banquier rentre dans le droit commun par rapport au vol seulement. S'il n'en est pas de même par rapport aux in-

(1) Le susceptor, comme cela résulte du mot même, est celui qui reçoit les joueurs et donne à jouer. C'est le banquier de la maison de jeu.

jures et aux coups, il est facile de l'expliquer à cause de l'infamie dont il est noté; le Préteur ne s'oppose pas à ce qu'il soit l'objet du mépris et de la colère du peuple.

On peut se demander encore quelle est l'étendue du mot furtum dans le § 2 de la loi 1. S'applique-t-il à toute espèce de choses en la possession du susceptor, à tous les objets qui garnissent sa maison, ou bien purement et simplement aux sommes qu'il détient, soit pour lui-même, soit pour le compte des joueurs? Il n'y a pas à hésiter; car le mot furtum est général et comprend toute contrectatio fraudulosa de la chose d'autrui.

Quant à la maison du susceptor, bien que la loi la définisse le lieu de son habitation et de son domicile, il est certain que le vol commis dans une maison louée qu'il n'habite pas, où il ne se rend que pour donner à jouer, est dans les conditions voulues pour consacrer l'impunité du voleur. Que si son habitation est séparée de la maison où il donne à jouer, le vol accompli dans cet endroit est sujet à la revendication, puisqu'il n'a pas été fait domi. C'est ce qui ressort in-contestablement de la théorie précédente.

Après avoir exposé comment le Préteur sévissait contre les susceptores et de quelles déchéances exceptionnelles il les frappait, Ulpien examine une question subsidiaire qui avait préoccupé quelques jurisconsultes, et notamment Pomponius avec lequel il se déclare en désaccord. On sait que le vol engendrait deux sortes d'actions : l'action principale en restitution, et l'action pénale accessoire. La peine était du quadruple pour le vol manifeste, et du double pour le vol non manifeste. Le propriétaire de la chose volée pouvait en poursuivre la restitution par une action principale, soit à l'aide de la vindicatio, soit à l'aide de la condictio, soit, enfin, à l'aide de la formule ad exhibendum. L'action pénale avait pour but de faire payer au voleur une somme qui représentait deux fois ou quatre fois la valeur de l'objet dont il s'était emparé, selon qu'il avait été pris ou non en flagrant délit.

Par la vindicatio, le propriétaire ne pouvait s'adresser qu'au voleur, ou à ses héritiers directs, lorsqu'ils possédaient encore la chose soustraite. Par l'action ad exhibendum, il forçait le voleur à rapporter cette chose; mais, celui-ci l'ayant aliénée, l'exhibition était impossible, et il était alors condamné à des dommages-intérêts civils. L'action ad exhibendum avait, en effet, pour motif de faire rapporter par quelqu'un un objet qu'il avait caché, aliéné ou détruit de mauvaise foi. Elle était donnée à toute personne ayant un intérêt légitime et jugé tel par le magistrat prétorien à ce que l'objet fut exhibé. Quand la preuve était fournie et la formule octroyée, on allait devant le juge, in judicio, qui ordonnait l'exhibition immédiatement, ou quelquefois dans un délai qu'il arbitrait d'après les circonstances de la cause. Si l'exhibition n'avait pas lieu au jour fixé, il condamnait à une réparation pécuniaire la partie qu'il avait chargée d'exhiber. L'action ad exhibendum était fréquente en matière de vol, parce que les voleurs retiennent rarement entre leurs mains le produit de leurs méfaits. Les propriétaires y recouraient donc plus souvent qu'à la vindicatio.

La dernière action, qui était à la disposition du propriétaire, était celle qu'on nommait la condictio furtiva. C'était une action toute particulière, par laquelle il soutenait que le voleur était obligé personnellement à lui transférer sa propre chose en propriété, sinon à payer des dommages-intérêts, comme dans l'action ad exhibendum. Ordinairement, la condictio si paret cum dare oportere, ne peut jamais être employée, lorsque le demandeur a la ressource de la vindicatio, parce qu'il y a contradiction entre elles; mais on les avait cumulées dans cette hypothèse spéciale, en haine des voleurs. C'est ce que nous apprennent les Instituts de Justinien(1). Comment comprendre que le demandeur réclame sa chose, en disant : S'il paraît qu'un tel doive donner? Comment comprendre que ce qui est à lui puisse lui être transféré en propriété? La chose qui est déjà sienne ne saurait le devenir davantage. res quæ jam actoris est, magis ejus non fieri potest! Cependant on s'était écarté, dans la crainte des voleurs et de leurs attaques, odio furum, de la rigueur habituelle du mécanisme des formules; on ajoutait l'action personnelle à l'action réelle, afin qu'ils fussent plus sûrement atteints, quo magis pluribus actionibus teneantur.

Remarquons, au contraire, que l'action ad exhibendum ne se cumulait pas avec la condictio furtiva. Toutes deux ayant pour résultat de faire indemniser le volé, elles ne pouvaient pas marcher ensemble.

(1) Lib. iv, tit. 6, § 11.

A ces trois actions se joignait, enfin, l'action persécutoire de la peine nommée actio furti manifesti, vel
non manifesti, qui se cumulait avec les actions persé-
cutoires de la chose, puisqu'elle avait un but tout différent.

Ceci une fois posé, nous apprécierons très facilement
le caractère de la controverse soulevée par Pomponius,
qui a prétendu que le Préteur, en refusant aux susceptores l'actio furti, n'a entendu leur enlever que l'action persécutoire de la peine et ne les a pas dépouillés
de l'action persécutoire de la chose. Pomponius pensait que l'action pénale n'était pas due aux gens qui
tiennent des académies de jeux, parce qu'il n'est pas
rationnel d'écouter un homme infâme qui veut faire
condamner un autre homme également infâme, en di-
rigeant contre lui une procédure criminelle. Il n'en est
pas de même de l'action persécutoire de la chose;
l'équité commande qu'on ne la leur retire pas. Ulpien
réfute victorieusement ce système. Suivant lui, le Préteur n'a donné prise à aucune équivoque. Consultez son
édit, vous y trouverez simplement l'énonciation générale d'un fait qui ne comporte pas de distinction : si
quid dolo subtractum est, judicium non dabo (1); s'il
a été volé quelque chose par dol, je ne donnerai pas
d'action, je ne délivrerai pas de formule, je ne ren-
verrai pas devant le juge. Il dénie donc et l'action
principale et l'action accessoire.

Le paragraphe premier, ainsi que nous l'avons indi-
qué, n'assimilait pas le vol commis au préjudice des

(1) L. 1, prooemium.

collusores à celui commis au préjudice des susceptores.
Tandis que les uns étaient repoussés par une fin de non-
recevoir invincible, les réclamations des autres étaient
favorablement accueillies et le droit de répétition leur
était concédé. Le Préteur avait porté plus loin sa sollicitude. Désirant combattre avec énergie la passion du
jeu, il avait inscrit sur les tablettes de son album une
disposition très sévère à l'égard des joueurs qui con-
traindraient quelqu'un à jouer. Le châtiment qu'il leur
infligeait consistait dans une amende, dont nous ne
connaissons pas le chiffre, et dans un emprisonnement, dont la durée ne nous est pas non plus précisée,
mais qui était de deux degrés. Le coupable était conduit, où dans les latumiæ (les carrières), ou dans les
vincula publica. Il fallait, d'ailleurs, que la violence
fût grave et bien caractérisée. In eum qui aleæ lu-
dendæ causa vim intulerit, uti quæque res erit, ani-
madvertam (1); il se réservait la faculté de décider lui-
même, d'après les faits, s'il était besoin de sévir.

La violence peut s'exercer, dans le jeu, de deux
manières : 1° lorsque quelqu'un force à jouer une personne qui n'avait pas encore commencé à prendre part
au jeu et qui n'en avait pas l'intention ; 2° lorsqu'un
joueur, qui a perdu de l'argent dans une partie, retient
son adversaire, malgré lui, pour avoir sa revanche.
Paul déclare que les deux hypothèses sont également
répréhensibles et tombent sous l'application de l'édit
du Préteur (2). Quant à la première, elle était toutefois

(1) L. 1, § 4.
(2) L 2, prooemium.

principalement punie; cela devait être du moins. Il est
supposable que le magistrat prétorien se montrait plus
rigoureux envers ceux qui entraînaient dans les maisons de jeux des individus, dans le but de les corrompre, en leur communiquant une funeste passion, ou de
les frustrer de leurs biens, en usant de manœuvres
frauduleuses, pour leur extorquer de l'argent. Ils
étaient donc passibles de peines très fortes, qui allaient
jusqu'à la prison. Quant à la seconde hypothèse, elle
devait évidemment attirer aux délinquants des condamnations moins graves; c'était à eux, sans doute,
qu'on appliquait l'amende. Quoique les textes ne nous
fournissent aucun renseignement à cet égard, les expressions du § 4 de la loi 1 nous autorisent à le penser. Uti quæque res erit; telle est la formule ordinaire
des actions où le juge a un certain pouvoir d'apprécia -
tion subordonnée aux divers éléments du procès, et ici
la culpabilité varie avec les circonstances dans lesquelles elle s'est présentée. C'est pourquoi nous ne devons
pas entendre trop strictement les paroles du proœmium
de la loi 2.

En prohibant les jeux de pur hasard, le Préteur
avait le dessein d'empêcher les folles prodigalités des
joueurs et les scandales qui en sont la suite; mais il
reconnaissait un effet juridique à certains jeux d'adresse
énumérés par le sénatus-consulte dont nous avons
parlé plus haut. C'étaient les jeux d'adresse corporelle,
les exercices utiles à développer les forces physiques,
et spécialement le javelot (pilum), que l'on lançait sur
une cible; la course, le saut (saliendo), les luttes d'ath-

2

lètes (luctando), la ceste (pugnando). Ces jeux étaient licites; ils engendraient une action en justice. On avait le droit d'y jouer de l'argent, et le débiteur était contraint de payer au moyen d'une condiction certæ pecuniæ. Marcien (1) enseigne qu'il était même permis, par les lois Titia, Publicia et Cornelia, d'y parier pour ou contre les lutteurs. Les paris, en matière de jeux proprement dits, étaient moins communs à Rome que chez nous. La loi 3 est le seul exemple où l'on aperçoive le législateur romain s'en occuper. Les joueurs se contentaient de risquer eux-mêmes les sommes qu'ils destinaient au jeu; il ne se formait pas autour d'eux des groupes de parieurs s'intéressant les uns contre les autres au sort de la partie engagée. Aucun texte ne fait mention de cet usage à propos des maisons de jeux. Il faut en conclure que le pari n'y était pas pratiqué habituellement; car le Préteur n'aurait pas manqué de le condamner, s'il y avait été en usage.

Les paris semblent, au contraire, avoir été pratiqués à l'occasion des jeux d'adresse corporelle. Ils s'opéraient sous la forme des sponsiones avec les procédés des stipulations et des restipulations. Si Titius est vainqueur, demandait l'un, promets-tu de me donner 10 ? L'autre répondait : Spondeo, je promets, et à son tour il interrogeait son adversaire de la même façon : Si Sempronius est vainqueur, promets-tu de me donner 10 ? Ces stipulations réciproques produisaient un contrat de droit strict, juris civilis; mais, en matière de

(1) L. 3.

jeux de pur hasard, elles étaient formellement interdites par les lois rappelées dans le passage de Marcien.

La défense de jouer de l'argent à des jeux de hasard comprenait toutes les choses appréciables par qualité et quantité. Le mot pecunia n'est donc pas limitatif. Cependant, il était permis quelquefois de jouer des objets de peu de valeur, comme l'annonce le préambule de la loi 4.

Le texte de cette loi est rapporté différemment par Pothier et le corpus juris civilis academicum. Suivant Pothier, il faudrait lire : Quod in convivio, vescendi causa, ponitur, in eam rem alea ludere permittitur. Et nous aurions alors la traduction suivante : il est permis de jouer à des jeux de hasard son écot dans un festin. Le corpus s'exprime ainsi : Quod in convivio vescendi causa ponitur, in eam rem familiæ ludere permittitur. Familiæ est substitué à alea, d'où la traduction : les esclaves d'une famille peuvent jouer leur écot dans un festin ; ou bien encore, suivant d'autres traducteurs : les esclaves d'une maison peuvent jouer entre eux à qui aura le repas qu'on leur a donné pour se nourrir.

Est-ce Pothier qui a commis l'interpolation ? Est-ce le corpus juris ? Il nous est bien difficile de le constater, d'autant plus que les deux premiers sens sont raisonnables. Le troisième nous paraît controuvé. Il ne reproduit pas fidèlement l'intention de la loi. Quod ponitur in convivio, c'est ce qui sert au repas ; ce n'est point ce qu'on a donné aux esclaves pour se nourrir.

La traduction de Pothier avec le mot alea est peut-être bien moderne. Celle du corpus juris avec le mot familiæ, signifiant que les esclaves ont le droit de jouer l'écot d'un festin qu'ils ont organisé entre eux, consacre un trait de mœurs qui n'est pas invraisemblable, et nous ne craignons pas de nous arrêter à cette leçon.

Nous arrivons, maintenant, à la célèbre théorie du Préteur sur la répétition des sommes payées en exécution des dettes de jeux. Le fondement de cette théorie est le principe de l'indignité des joueurs, qui est consigné dans le § 1 de la loi quamvis et hi indigni videantur, et nous allons voir quels singuliers résultats il amenait.

Les joueurs étaient frappés d'une double déchéance ; la première consistait dans l'impossibilité d'exercer une action utile pour le recouvrement des sommes perdues au jeu ; la seconde était plus énergique encore et consistait dans l'impossibilité pour le gagnant de retenir les sommes payées par le perdant. Contrairement à la règle usuelle qui empêchait la recevabilité des actions fondées sur une cause, dans laquelle utriusque versabatur turpitudo, on décidait non-seulement que le créancier n'était pas admis à agir contre le débiteur d'une dette de jeu, mais encore qu'il était forcé de restituer intégralement ce qu'il avait reçu, de sorte que le contrat était nul sous tous les rapports. La première déchéance se retrouve aujourd'hui formulée dans l'article 1965 du Code Napoléon ; la seconde a été abrogée par l'art. 1967.

Nous exposerons bientôt plus amplement le système de la turpis causa ; cependant il n'est pas inutile ici d'en indiquer les principaux caractères, afin de montrer comment le législateur romain fut conduit à s'en écarter et à créer une exception particulière aux dettes de jeux.

La répétition d'une somme payée en exécution d'un contrat honteux était généralement interdite, parce que l'indignité des contractants les mettait tous deux dans une situation égale par rapport au droit. On estimait donc qu'il ne fallait considérer que le fait. Une fois le fait accompli, la justice ne voulait plus s'en occuper. Le créancier a été payé, disait-on; il possède; tant mieux pour lui et tant pis pour le débiteur. De quoi se plaint le débiteur? D'une faute, d'un mauvais acte qui lui est commun avec le créancier. Est-ce qu'il allègue son bon droit? Pas le moins du monde. Il n'avance que la preuve d'une chose illicite qu'il a perpétrée lui-même. L'équité et l'ordre public résistent à ce genre de preuve. Là où le droit a été violé de part et d'autre, le fait seul est capable de produire un résultat définitif. Qu'ils soient donc réciproquement régis par l'évènement. Qu'ils restent dans la situation qu'ils se sont volontairement et sciemment procurée. Qu'ils n'invoquent pas la protection des lois qu'ils ont foulées aux pieds!

On ajoutait aussi que celui qui éprouve un dommage par sa faute est réputé n'en éprouver aucun : quod quis ex culpa sua damnum sentit, non intelligitur damnum sentire (1). Et puis entre deux

_____

(1) L. 203, lib. L, tit. 17, Dig., de Regulis juris.

maux, il faut toujours choisir le moindre; le parti
préférable est celui qui mène à le moins d'iniquité :
Quoties nihil sine captione investigari potest, eligen-
dum est quod minimum habeat iniquitatis (Javolenus ,
lib. xiii, ex Cassio) (1). Lorsqu'une chose a été payée à
la suite d'un contrat immoral et illicite, soit que vous
accordiez, soit que vous refusiez la répétition , vous
tombez dans un inconvénient. Si vous accordez la répétition , vous arrivez à sanctionner l'acte honteux qui
a été commis. Il est juste de punir celui qui a donné de
l'argent à un individu pour en obtenir un fait coupable.
La punition serait précisément de lui enlever le droit
de réclamer les sommes qu'il a déboursées. Eh! bien,
vous lui assurez l'impunité. Que si vous refusez la répétition, vous encouragez celui qui a consommé le
fait coupable et vous blessez l'honnêteté publique. De
chaque côté il y a donc difficulté et péril. Néanmoins ,
pesez les désavantages qui s'y rencontrent; vous aper-
cevrez que les plus faibles sont dans le sens de la rétention du créancier. Tels furent les raisonnements qui
portèrent les jurisconsultes romains à poser la maxime :
In pari causa, potior est causa possidentis.

Il n'en était pas ainsi en matière de jeu. Malgré l'indignité réciproque des joueurs, malgré l'empire du
fait accompli, tout puissant dans les autres conventions
illicites, on autorisait le perdant à intenter l'action en
répétition des sommes par lui payées.

Les commentateurs du titre de Aleatoribus ont cher-

(1) L. 200, id.

ché la raison de cette dérogation aux conséquences
juridiques de la turpis causa. Plusieurs ont prétendu
qu'il fallait établir une distinction entre l'hypothèse où
quelqu'un a donné de l'argent à un individu, pour
qu'il fît une mauvaise action, et celle où deux personnes auraient accompli de concert un fait illégal. Dans
l'une, pas de répétition, car celui qui a donné est le
plus blâmable ; dans l'autre, au contraire, bien que la
loi réprouve le contrat par lequel les parties s'engagent
à consommer ensemble un méfait, la répétition serait
admissible. Nous examinerons, quand le temps en sera
venu, le mérite de cette argumentation ; mais il est certain qu'elle n'est pas applicable aux dettes de jeu, s'il
est vrai qu'elle découle de la théorie romaine, ce qui est
d'ailleurs contestable. Les dettes de jeu, suivant d'autres commentateurs qui ont beaucoup mieux saisi, selon nous, le motif de la dérogation aux règles de la
turpis causa, étaient sujettes à répétition, quand elles
avaient été payées, parce que le Préteur voulait prêter main forte au sénatus-consulte qui avait défendu
de jouer de l'argent dans les jeux de hasard ; c'était,
par conséquent, à titre de peine que la répétition était
accordée contre le gagnant. On avait donc suivi une
interprétation différente, en usant du pouvoir discrétionnaire laissé au magistrat par la loi 200 du titre de
Regulis juris. Entre deux maux, il faut choisir le moindre. Oui, sans doute. Or quel est le plus grand mal, ou
de ne pas inquiéter le gagnant et de lui abandonner le
bénéfice qu'il a retiré d'un contrat illicite, ou de le
poursuivre, en lui imposant la restitution ? Evidem-

ment, le premier parti serait beaucoup plus dangereux. Il consacrerait pour les joueurs la faculté d'éluder constamment le sénatus-consulte; il encouragerait
le jeu qui pourtant doit être condamné. La répétition
est ainsi justifiée par une considération d'ordre public.
Elle est introduite par exception à titre de châtiment;
elle constitue un surcroît de sévérité qui était exigée
par la morale et qui s'explique par la haine du Préteur
contre le jeu.

Le droit de répétition est général. Quoique le § 1
de la loi 4 ne s'occupe que des dettes de jeu contractées par des fils de famille et des esclaves, il est hors
de doute qu'il s'étend à toutes les dettes de pareille nature. Mais spécialement, lorsqu'un esclave ou un fils
de famille (si servus, vel filius familias victus fuerit) a
perdu de l'argent et a payé, à qui appartiendra le droit
de réclamer au gagnant les sommes que celui-ci a reçues? La réponse est facile : c'est au maître ou au patron, puisqu'ils ont seuls l'exercice des actions en justice. De même, si l'esclave a reçu de l'argent qu'il a
gagné, c'est à son patron que le perdant devra s'adresser pour en obtenir la restitution. Toutefois, cette restitution ne s'opérera que sur les biens qui composent le
pécule de l'esclave. Bien plus, si l'esclave a dissipé les
sommes qu'il a reçues, le perdant ne pourra pas se faire
rembourser, parce que le patron n'est obligé à rendre
que ce qui est parvenu dans le pécule; sed non am-
plius cogendus est præstare, quam id quod ex ea re in
peculio sit. — Ex ea re, c'est-à-dire l'argent du jeu,
l'argent qui a été gagné et que l'esclave n'a pas versé

entre les mains de son maître, ou qu'il n'a pas joint à
la masse de son pécule.

L'action de peculio, qui est donnée au perdant, est
exclusivement pécuniaire. Bien que l'esclave ait été
coupable d'un délit par le fait du jeu, et bien qu'il ait
gardé pour lui l'argent gagné, le maître n'a pas à craindre l'action noxale, quia ex negotio gesto agitur, parce
qu'il s'agit d'une chose qui a été faite pour son compte,
dit la loi. Voilà un motif assez étrange. Pourquoi donc
alors le maître n'est-il pas poursuivi in integrum sur
les biens du pécule, puisque la loi 4 affirme que le gain
du jeu a été fait pour le compte du patron? Or, il est de
règle que le patron supporte la totalité de l'engagement,
lorsque l'esclave a reçu l'ordre de traiter ou de contracter; dans ce cas, en effet, le créancier est censé
avoir suivi la foi du maître (1). Jussus, c'est l'ordre antérieur et général que le maître donne à l'esclave quand
il le met à la tête d'un pécule. Le negotium fait dans
ces conditions est réputé l'œuvre du patron, qui en devient responsable au moyen des actions exercitoria,
tributoria et de in rem verso.

Le jeu étant un délit particulier, il était juste de ne
pas contraindre le maître à perdre la propriété de son
esclave, quand il lui était trop pénible de rembourser
les sommes que le perdant avait payées à la suite d'une
dette de ce genre. On appelait noxa le corps qui avait
nui, id est servus, et noxia le délit, le dommage, le
vol, l'injure, l'enlèvement de biens par violence, dont

(1) Inst., lib. iv, tit. 7, § 1.

l'esclave s'était rendu coupable (1). Dans ces diverses
circonstances, le patron était ordinairement condamné
à des dommages-intérêts; mais il lui était permis de
choisir entre le paiement de l'indemnité et l'abandon
en noxe de l'agent du délit; car il eut été inique que la
méchanceté d'un esclave entraînât pour un maître une
perte supérieure à la valeur de l'esclave lui-même (2).
La loi 4 nous apprend que l'abandon en noxe avait été
écarté par le Préteur, comme trop rigoureux, d'autant
plus que le joueur, qui demanderait cet abandon, se
trouve dans une situation peu digne de faveur. En con-
clura-t-on pourtant que l'esclave est réputé avoir fait la
chose du maître, ex negotio gesto, quand il a touché les
sommes provenant du jeu? Nous pensons qu'il n'est
pas nécessaire d'aller jusque-là. Autrement les actions
exercitoria et tributoria deviendraient applicables. C'est
ce qui est impossible, et Ulpien a pris soin de le reconnaître formellement; il est donc en contradiction avec
son propre langage, puisqu'il nous annonce que le patron n'est pas tenu de rembourser l'argent du jeu, qui
n'est pas entré dans le pécule.

En résumé, le patron ne paie que ce qu'il est censé
avoir reçu, lorsque la présomption concorde avec la
réalité. Le pécule, aussi bien que la personne de l'esclave, est sa chose. Quand l'argent tombe dans le pécule, il est tenu à la restitution. C'est là, sans doute,
ce que signifie le negotium gestum, qui est dès-lors

(1) Inst., lib. iv, t. 8.
(2) § 2, tit. 8, Inst. de Justinien, liv. iv.

singulièrement restreint. Quant à l'action noxale, elle est entièrement inadmissible.

Justinien s'est montré plus rigoureux encore que le Préteur au sujet des jeux de hasard. Le titre 43 du Code (liv. III), de Aleatoribus et alearum usu, a promulgué plusieurs innovations fort intéressantes à connaître. Au surplus, l'analyse en est très simple. Il suffit de les énoncer, pour en comprendre toute la portée.

Voici comment Cujas a présenté le sommaire de la Constitution 1 :

Cette Constitution, dit-il, prohibe tous les jeux, à l'exception de quelques-uns, qui sont spécialement énumérés et dont le nombre ne dépasse pas cinq genres. Elle prononce une amende contre les joueurs qu'elle condamne; elle enjoint aux préfets, aux présidents des provinces, aux évêques, aux primats et aux défenseurs des cités, de les rechercher, de les poursuivre, de les punir et de rescinder leurs contrats. Elle donne une action pour les cinq jeux privilégiés; elle établit une amende de dix livres contre les individus qui osent violer ses dispositions.

Les cinq jeux privilégiés sont à peu près les mêmes que ceux du sénatus-consulte cité par Paul, au Digeste; ce sont : les luttes, les armes, la vibratio quintiana (ainsi nommée, parce qu'elle avait été inventée par un certain Quintus; elle consistait à manier le dard, le javelot, spiculum, sive aculeum, sive ferrum); les courses à pied et à cheval, et enfin, généralement, tous les exercices propres à développer les forces du corps. Il était licite d'y jouer de l'argent; mais il ne fallait pas dépasser le taux légal, qui variait avec la fortune des joueurs, et les plus riches ne pouvaient pas aventurer plus d'un as ou d'un solide par chaque partie.

Tout en suivant la doctrine du Préteur à l'égard du principe d'après lequel le créancier d'une dette de jeu est irrecevable à en exiger le paiement, tout en autorisant aussi le perdant à réclamer ce qu'il aurait volontairement payé, la Constitution 1 a singulièrement étendu le droit de répétition. Elle veut que la restitution ne soit pas empêchée par la propre inaction du perdant. S'il n'use pas de la faculté qui lui est concédée, elle passe à ses héritiers, soit contre le gagnant lui-même, soit contre les héritiers du gagnant, et la prescription de trente ans n'est pas capable de l'éteindre. Dans le cas où ses héritiers négligeraient, comme lui, de se prévaloir du bénéfice qui leur est accordé, il est permis à toute personne, et principalement aux primats et aux defensores, d'exercer l'action en répétition, afin d'en employer le produit à des travaux publics, au profit de la cité!

La sanction du Code est donc plus énergique que celle du Digeste. Le Préteur avait imposé au gagnant la restitution à titre de peine; c'était, sans doute, le punir efficacement que de le forcer à rendre ce qu'il avait gagné. Toutefois, le plus souvent, les scrupules du perdant lui commandaient une abstention contraire au vœu de la loi, et les joueurs restaient impunis. Sous Justinien, leur impunité est devenue impossible.

La Constitution 2 reproduit et confirme les dispositions de la précédente. Elle n'y apporte qu'un change-

ment, qui concerne la prescription de l'action en répétition, dont la durée est fixée à cinquante ans. Elle
énumère, une seconde fois, les jeux privilégiés, quinque ludos, Monobolon, Contomonobolon, Quintanum
contacem sine fibula, et perichyten, et Hippicum,
qu'elle déclare dignes de faveur, pourvu qu'ils soient
exempts de dol et de machinations perverses; enfin,
elle prohibe un jeu particulier connu sous le nom de
equus ligueus. Cujas raconte que les anciens commentateurs se sont longtemps disputés pour expliquer et
préciser la nature du jeu appelée le cheval de bois. Le
plus grand nombre pensait qu'on devait entendre par
equus ligueus une espèce de scala lignea percée de
trous, dans lesquels chaque joueur s'efforçait de lancer
de petites boules de diverses couleurs. Quoi qu'il en
soit de l'explication, il est certain que ce jeu avait engendré de grands abus, et Justinien le proscrit très durement, puisqu'il va jusqu'à ordonner la confiscation des
maisons où il est pratiqué. C'est là une nouvelle dérogation aux règles prétoriennes; sous leur empire, les
maisons des susceptores n'étaient pas confisquées.

Il n'y a au Code que deux lois relatives au jeu. L'esprit qui les a dictées se manifeste en termes éloquents
dans la Constitution 2, qui s'exprime ainsi :

Alearum usus antiqua res est, et extra operas pu-
gnatorias concessa, verum pro tempore abiit in lachry-
mas. Quidam enim nec ludentes, nec ludum scientes,
sed numeratione tantum proprias substantias perdide-
runt, die noctuque ludentes, argento, apparitu lapi-
dum, et auro. Consequenter autem ex hac inordina-

tione blasphemare Deum conantur, et instrumenta
conficiunt....., Similiter et judices prohibeant ut a blas-
phemiis, et parjuriis, quæ ipsorum inhibitionibus de-
bent comprimi, omnes homines penitus conquiescant.

Justinien considère donc à la fois le jeu comme
une source de troubles publics, comme un grave danger pour la société, et comme une atteinte à la morale
religieuse. Aux idées purement juridiques et politiques
du Préteur, il a joint les préceptes de la religion chrétienne, pour légitimer la proscription dont il frappe les
joueurs qui, dans les excès de leur passion, ne craignent pas de blasphémer Dieu.

Tel est l'ensemble de la législation vraiment curieuse du Droit Romain sur les jeux de hasard. Il nous
a paru qu'elle méritait d'être approfondie avec quelque
soin. Quoique nous n'en ayons tracé qu'une esquisse
bien rapide et bien superficielle, nous croyons néanmoins en avoir fidèlement représenté la substance. Ce
travail ne manquait pas de difficulté; il n'avait pas été
tenté avant nous. C'est pourquoi nous devions montrer
une extrême réserve dans le développement d'un sujet
aussi peu exploré. Il reste encore beaucoup de choses à
dire; qu'on nous permette d'émettre ici l'espoir qu'un
autre plus habile les dira; et nous serions suffisamment récompensé de nos efforts, si notre humble dissertation pouvait communiquer à quelqu'un le désir
de l'achever et de la perfectionner.

TITRE SECOND.

De Condictione ob turpem causam.

(DIG., LIB. XII, TIT. V; COD., LIB. IV, TIT. VI.)

Dès que les jurisconsultes romains eurent entrepris
leurs admirables travaux d'analyse juridique, dans lesquels ils excellèrent toujours, y apportant une science
profonde et une merveilleuse logique, ils consacrèrent
le principe de la division fondamentale des droits en
réels et personnels; et cette division, qui tient à la nature même des choses, qui est de tous les temps et de
tous les lieux, comme le dit très bien M. Ortolan, dans
son Explication historique des Instituts(1), ne pouvait
pas manquer d'avoir une influence considérable sur les
actions, c'est-à-dire sur l'ensemble de la procédure destinée à procurer aux citoyens la faculté de poursuivre,
devant l'autorité judiciaire, la reconnaissance d'une
propriété ou d'une obligation. Sous le système des actions de la loi, elle est déjà très apparente; sous le système prétorien, elle est développée avec une grande
puissance de déduction dans le mécanisme de la formule, et c'est elle qui caractérise l'intentio; sous le
système des cognitiones extraordinariæ, elle n'est pas
moins certaine, bien que les formules soient suppri-

(1) T. II, p. 455.

mées, et Justinien lui donne encore l'épithète de summa divisio, division principale (1).

L'action réelle est donnée à celui qui prétend avoir le droit de disposer d'une chose corporelle ou incorporelle ; c'est là la définition de Gaïus : In rem actio est, cum aut corporalem rem intendimus nostram esse, aut jus aliquod nobis competere, velut utendi fruendi, eundi, agendi, aquamve ducendi, vel altius tollendi, vel prospiciendi (2). L'action réelle ne s'applique directement qu'à la chose même, objet de la contestation, et abstraction faite de toute personne. Ce que le demandeur recherche, ce n'est pas la poursuite d'un individu, mais celle de sa propriété. Le détenteur de la chose n'intervient qu'accessoirement ; il reste sur le second plan. On agit contre lui, non pas parce qu'il est obligé, mais parce qu'on soulève une controverse relativement à un bien dont il empêche le propriétaire de profiter plus ou moins largement, et on lui demande de ne plus apporter d'obstacle à la jouissance qu'il entrave.

L'action personnelle est donnée à celui qui prétend qu'une personne est liée vis-à-vis de lui par un contrat ou un délit ; car le droit personnel est un droit d'obligation qui procure à l'une des parties la faculté de contraindre l'autre à donner, à faire ou à livrer quelque chose. In personam actio est, quotiens cum aliquo agimus qui nobis vel ex contractu vel ex delicto obligatus est, id est, cum intendimus dare, facere, præstare oportere (3).

(1) Lib. IV, tit. 6, § 1, de Actionibus.
(2) C. 4, § 3.
(3) Gaïus, C. 4, § 2.

Le droit réel, à part la masse générale des hommes,
ne met en présence qu'un individu, sujet actif, et une
chose, objet du droit; dans le droit personnel, il y a
trois éléments à considérer : le créancier, sujet actif,
le débiteur, sujet passif, et la chose due.

Dans le Droit réel, l'intentio de la formule est ainsi
conçue : Si paret hominem ex jure quiritium Auli
Agerii esse. Dans le droit personnel, on prononce, au
contraire, le nom du débiteur, qui n'est pas exprimé
par l'intentio précédente : Si paret Numerium Negi-
dium Aulo Agerio dare facere præstare oportere.

A l'époque des Instituts, la formule a disparu ; cependant, en dépit de la suppression définitive des in-
tentiones rédigées in personam et in rem, soit absolu-
m'...t, soit relativement, le § 15 du tit. 6, au livre iv,
de Actionibus, reproduit et consacre les termes classi-
ques, en les généralisant : Appellamus autem in rem
quidem actiones vindicationes, in personam vero actiones, quibus dare facere intenditur, condictiones.
Condicere enim est denuntiare prisca lingua ; nunc
vero abusive dicimus condictionem actionem in personam esse, qua actor intendit dari sibi oportere. Nulla
enim hoc tempore eo nomine denuntiatio fit. — On
nomme vindicationes les actions réelles, condictiones
les actions personnelles. Condicere, dans l'ancien langage, signifiait faire une dénonciation. C'est donc improprement qu'aujourd'hui nous désignons les actions
personnelles sous le nom de condictiones, puisqu'il
n'existe plus actuellement de dénonciation.

La vindicatio et la condictio dérivent en effet des actions de la loi.

Dans le dernier état de ce régime primordial, les obligations se poursuivaient par la judicis postulatio, par la condictio proprement dite et la manus injectio. La condictio du Préteur fut d'abord assez restreinte. En vertu de la loi Silia, elle avait lieu exclusivement pour les obligations de transférer en propriété une somme d'argent précise, certa pecunia ; plus tard, en vertu de la loi Calpurnia, elle s'étendit à toute autre chose certaine. Enfin, elle s'appliqua aussi aux choses incertaines, quidquid paret dare facere oportere ; mais on sait qu'au temps de Gaïus elle ne comprenait pas encore les engagements désignés par le verbe præstare. Au IIe siècle de l'ère chrétienne, la condictio n'avait pas encore reçu tout le développement qui lui fut accordé par la suite. Elle paraît avoir été réduite aux actions venant du droit strict ; mais il est incontestable que, sous Justinien, où la précision et la délicatesse de l'ancien langage, prisca lingua, ne se rencontrent plus, on s'en sert pour désigner toute espèce d'action tendant à faire valoir un droit de créance de quelque nature qu'il soit. Néanmoins, la condictio des lois Silia et Calpurnia retint sa désignation primitive de condictio certi ; celle qui avait été étendue aux obligations incertaines, continua à être appelée génériquement condictio incerti. Cette qualification n'était employée que d'une façon générale et caractéristique ; car toutes les actions qui en découlaient, prenaient le plus souvent une dénomination particulière tirée de leur origine. Lorsque l'objet d'une stipulation ou d'un legs n'était pas rigoureusement déterminé, on accordait au créancier ou au légataire une actio ex stipulatu, vel ex testamento ; c'est ainsi également que nous trouvons au Digeste et au Code la condictio indebiti, la condictio furtiva, les condictiones causa data causa non secuta, vel ob causam datarum, et la condictio ob turpem vel injustam causam.

Il faut enfin remarquer que l'appellation de condictio certi par excellence fut réservée principalement à celle qui avait pour but la prestation d'une somme d'argent précise, certæ pecuniæ. Toutes les autres conditions, certaines ou incertaines, étaient fréquemment désignées sous le titre générique de condictiones triticariæ, le blé, triticum, étant la denrée qui, après l'argent, se prête le plus commodément à mesurer les choses de quantité et à les apprécier au moyen d'un terme de comparaison uniforme (1).

Après ce rapide exposé théorique de la classification des différentes condictiones, nous devons encore, avant d'aborder celle que nous nous proposons d'étudier plus spécialement, présenter quelques observations sur les caractères de chacune d'elles.

La première, dans l'ordre des textes du Digeste, est la condictio causa data causa non secuta (2). Elle énonce la règle commune à tous les contrats de bonne foi. Lorsqu'on a donné de l'argent pour une cause qui n'a rien de déshonnête, par exemple, pour que Titius

(1) D., lib. xii, tit. 3, l. 1.
(2) D., lib. xii, tit. 4.

émancipât son fils, pour qu'il affranchît son esclave, pour qu'il se désistât d'un procès qu'il avait intenté, si Titius a rempli son engagement, la cause de la convention ayant eu son effet, on n'est pas fondé à lui demander l'argent qui lui a été remis; causa secuta repetitio cessat. Que si, au contraire, Titius s'est refusé à affranchir son esclave, à émanciper son fils, à se désister de son procès, la cause n'ayant pas été suivie d'effet, il y aura lieu évidemment à répétition; car alors il n'est plus équitable qu'il conserve les sommes qui lui ont été payées.

'Si, pareillement, Seius, héritier de Gaius, après avoir donné 10 à Sempronius, pour qu'il remplît une condition qui lui était imposée dans le testament, vient à répudier la succession, la cause de la tradition défaillant, il pourra redemander ce qu'il a livré. La cause du contrat était ici l'accomplissement d'une condition mise à la charge de l'héritier : parendi conditioni causa(1). Cette condition n'a pas été accomplie (on le suppose); en outre, elle ne doit plus l'être. Donc, les parties doivent rentrer dans leur position antérieure, et Seius aura action pour répéter 10 contre Sempronius.

La seconde condiction est la condictio ob turpem vel injustam causam; nous y reviendrons tout-à-l'heure.

La troisième est la condictio indebiti(2). Qu'il nous suffise de dire, quant à elle, qu'elle a lieu seulement

(1) D., lib. xii, t. 4, l. 1, § 2.
(2) D., lib. xii, t. 6,

au profit de celui qui a payé une chose indue, dans la fausse croyance où il était qu'il la devait, tandis qu'elle n'a pas lieu au profit de celui qui a payé indûment avec connaissance de cause, c'est-à-dire sachant qu'il ne devait pas. Nous serions obligé d'entrer dans de trop grands détails, si nous voulions examiner les règles de cette espèce de condictio.

La quatrième est la condictio sine causa (1). C'est une variété, une nuance de la condictio causa data causa non secuta et de la condictio indebiti. Elle est accordée à celui qui s'est obligé sans fondement, sans cause, comme à celui qui a payé ce qu'il ne devait pas; mais elle en diffère en ce sens que celui qui s'est obligé, qui a promis sine causa, ne peut répéter une quantité, tant qu'il ne l'a pas fournie ; il ne demandera qu'à être libéré de son obligation. Au point de vue de la cause, peu importe qu'elle ait existé un moment, si elle a fini par s'anéantir; cependant il est certain que l'on ne peut redemander que les choses qui ont été payées sans une juste raison, ou pour une raison qui a cessé d'être juste.

Un foulon, par exemple, a pris à loyer des étoffes pour les laver, si fullo vestimenta lavanda conduxerit (2). Il les a perdues et a été forcé de les payer. Plus tard, le maître a retrouvé ses vêtements. Ulpien se demande, dans cette hypothèse, quelle action aura le foulon pour se faire rendre le prix qu'il a payé. Suivant Cassius, il aura et l'action ex conducto et la con-

(1) D., lib. xii, t. 7.
(2) D., lib. xii, tit. 7, l. 2.

dictio indebiti. Ulpien ne le pense pas; car le prix n'était pas indû, quand il l'a donné. Il estime cependant qu'il aura la condictio sine causa, parce qu'il a donné sans cause : etenim vestimentis inventis, quasi sine causa datum videtur. La cause était donc juste et réelle à l'origine; elle n'a cessé de l'être que par un fait postérieur.

La cinquième condiction énumérée par le Digeste est la condictio furtiva, dont nous avons amplement parlé plus haut, à propos des vols commis dans les maisons de jeux par les joueurs ou par des étrangers au préjudice des susceptores; il est inutile d'y revenir de nouveau. Nous nous contenterons de rappeler la loi 4 (1), qui confirme pleinement le système que nous avons émis. Si servus, vel filius familias furtum commiserit, condicendum est domino id quod ad eum pervenit; in residuum, noxæ servum dominus dedere potest : lorsque le vol a été fait par un esclave ou un fils de famille, on doit former contre le maître la demande en restitution de ce qu'il a touché de la chose volée, et pour tenir lieu du surplus, le maître pourra abandonner l'esclave en noxe. L'esclave seul est soumis à la noxe; le fils de famille n'y est pas assujetti. Quant aux dettes de jeu, dont l'argent a été dissipé par un esclave, on n'a pas voulu que le droit de répétition pût entraîner des conséquences trop rigoureuses pour le patron. L'action noxale est, d'ailleurs, une action principalement pénale, et le jeu est un délit sui generis qui ne devait

(1) D., lib. xiii, tit. 1.

pas être assimilé au vol. L'exception du titre de Aleatoribus n'est donc pas aussi extraordinaire qu'elle paraît l'être au premier abord; et elle est fondée, en outre, sur l'équité.

Les deux dernières condictions, la sixième et la septième, sont la condictio ex lege et la condictio triticaria.

La condictio ex lege, comme l'indique son nom, provient plus directement d'un texte de loi formel. SI obligatio nova lege introducta sit, nec cautum eadem lege, quo genere actionis experiamur, ex lege agendum est (1). — Fragment de Paul. — Il est incontestable que si une loi introduit une nouvelle obligation, sans indiquer quelle espèce d'action en résultera, on aura une action qui tirera sa dénomination de cette loi même. Cela n'est pas spécial aux condictions; toute obligation, tout lien de droit qui découle de la puissance législative, y trouve nécessairement sa sanction civile.

Ainsi que nous l'avons déjà rapporté plus haut, la condictio triticaria s'applique à toute espèce de quantité ou valeur, qui n'est pas une somme d'argent précise, certa pecunia; on finit même par l'étendre jusqu'aux valeurs immobilières, au sol, aux redevances foncières, aux servitudes personnelles et réelles. Toutefois, Ulpien était d'avis qu'on ne pouvait redemander par la condictio triticaria une chose dont on était propriétaire, excepté dans le cas de vol ou dans celui d'enlèvement par violence d'effets mobiliers (2); mais

(1) D., lib. xiii, t. 2.
(2) D., lib. xiii, t. 3.

Il fait mention en même temps d'une opinion contraire de Celse et de Sabinus.

Nous arrivons maintenant à la condictio ob turpem vel injustam causam, qui demande d'être examinée avec le plus grand soin; car nous verrons, plus tard, lorsque nous expliquerons l'art. 1967 du Code Napoléon, que les jurisconsultes français ont emprunté au Digeste une partie des règles qui sont exposées dans notre titre, pour les appliquer à certaines conventions immorales et illicites que nous aurons à déterminer. Plusieurs documents judiciaires se sont appuyés sur la théorie romaine et se sont emparés de la célèbre maxime in pari causa melior est causa possidentis qu'elle consacre, et, tout récemment, un arrêt de la Cour de Paris, en date du 29 novembre 1858, a rappelé dans un de ses considérants que les principes de la condictio ob turpem causam, adoptés par une jurisprudence invariable, ont toujours fait repousser toute action en restitution des sommes payées à l'occasion et pour l'accomplissement d'un acte réprimé par la loi pénale (1).

Tout ce qu'on donne, dit le préambule de la loi 1, est donné soit ob rem, pour avoir une chose, soit ob causam, pour un motif, pour une cause quelconque. La cause est honnête ou déshonnête; mais il se peut qu'elle soit déshonnête du côté de celui qui donne et non du côté de celui qui reçoit, et réciproquement; il se peut aussi que le contrat soit déshonnête de la part des deux contractants.

(1) Jeux de Bourse, affaire Moreau, 1re Chambre.

Lorsque la cause est honnête, elle est licite et par conséquent susceptible d'engendrer un lien de droit. Une fois que la chose, objet du contrat, a été livrée au créancier, le débiteur n'est fondé à en poursuivre la répétition qu'autant que la cause n'a pas été suivie d'effet. Ob rem igitur honestam datum ita repeti potest, si res propter quam datum est, secuta non est (1). C'est ainsi, d'ailleurs, que s'exprimait la loi 1, au titre de Condictione causa data causa non secuta : Si ob rem non inhonestam data sit pecunia, ut filius emancipa-retur, vel servus manumitteretur, vel a lite disceda-tur, causa secuta repetitio cessat. Paul, dans le fragment du § 1 de la loi 1 de notre titre, ne fait donc que reproduire surabondamment le fragment d'Ulpien du titre précédent; son intention est d'établir un parallèle entre la cause honteuse et la cause licite. Dans un contrat licite, la répétition est impossible lorsque la cause a été exécutée; tandis que dans un contrat illicite, la répétition est possible, alors même qu'il y a eu accomplissement matériel, exécution de l'engagement (2). Toutefois, une condition est nécessaire pour la recevabilité de l'action en restitution. Il faut que la cause soit déshonnête par rapport seulement à celui qui a reçu, et honnête par rapport à celui qui a donné. La distinction entre la turpitude isolée ou simultanée des parties est excessivement importante. Elle amène des résultats très curieux que nous signalerons à mesure que nous

(1) L. 1, § 1.
(2) L. 1, § 2. Quod si turpis causa accipientis fuerit, etiamsi res secuta sit, repeti potest.

les rencontrerons dans notre analyse des textes qui vont suivre.

Voici pourtant le résumé sommaire de cette triple distinction :

1° Indignité de la personne qui reçoit. La répétition a lieu.

2° Indignité de la personne qui a donné. La répétition n'est pas admise.

3° Indignité de celui qui donne et de celui qui reçoit : égalité de turpitude. La condictio est absolument interdite.

Indignité de la personne qui reçoit. — Titius a donné 10 à Seius, pour qu'il ne commît pas un sacrilège, un vol, un meurtre. Il est incontestable que Seius détient, en vertu d'une cause immorale par rapport à lui seulement, les 10 qu'il a reçus. C'est pourquoi, consulté dans une espèce semblable, où il s'agissait de décider si un individu, après avoir acheté à prix d'argent l'abstention d'un autre individu qui voulait accomplir un crime, avait le droit de poursuivre en justice le remboursement de ses avances, Julien répondait qu'une telle convention ne renfermait aucune immoralité du côté de l'intervenant officieux, et qu'alors il était recevable à obtenir une restitution complète (1).

Ulpien se prononce en faveur de la même solution ; elle concilie l'équité avec l'intérêt légitime de celui qui s'est efforcé d'empêcher une action coupable, en détournant du crime un homme que l'appât d'un gain pécuniaire a retenu dans la voie de l'ordre. Autant il serait

(1) L. 2.

odieux que cet homme conservât le produit de la stipulation, autant il serait injuste que l'autre fût condamné
irrévocablement à perdre les sommes qu'il a déboursées.
Le but du contrat n'est honteux que d'un côté; il n'y
a d'indignité que de la part de celui qui a reçu, puisque la loi naturelle s'oppose, aussi bien que la loi civile, à ce que l'on trafique sur leurs commandements,
qui suffisent par leur propre puissance à obliger les citoyens à les respecter. Au point de vue de celui qui a
touché l'argent, le contrat est illicite et profondément
répréhensible; au point de vue de celui qui a consenti
à payer l'inaction du criminel, le contrat est assimila-
ble à une convention dénuée de cause. Par conséquent,
la répétition est nécessaire dans les deux cas, et la refuser eût été méconnaître les droits de la morale publique.

Il y a également indignité de l'acceptant, si je vous
ai donné, par exemple, 100 sesterces pour vous engager à me restituer un dépôt que je vous avais confié,
ou une pièce, un titre, instrumentum, que vous détenez injustement (1). La loi du dépôt suffisait pour vous
obliger à opérer cette restitution. Que si j'ai consenti à
vous remettre 100 sesterces, afin de vous exciter à accomplir votre obligation, la cause de cette remise est
considérée comme non avenue, parce que vous étiez en
faute de garder ce qui devait m'être rendu.

Un contrat plus immoral encore est celui qui consiste
à donner de l'argent à un juge, dans le but de le cor-

(1) L. 2, § 1.

rompre et d'en obtenir une sentence favorable. Il semble que ce contrat, ou du moins cette manœuvre criminelle, méritait d'être impitoyablement châtiée ; mais
le Droit Romain avait émis une doctrine vraiment bi-
zarre, en séparant deux hypothèses qui, pourtant, sont
à peu près identiques. La loi 2 (1) nous apprend que la
condiction était autorisée contre le juge, toutes les fois
que le justiciable lui avait donné de l'argent, afin qu'il
se prononçât pour lui dans une bonne cause, dans un
procès bien fondé en droit. Sed si dedi, ut secundum
me in bona causa judex pronunciaret, est quidem
relatum condictioni locum esse. — Est quidem relatum, on pense généralement ; c'est l'opinion commune. — La loi 2 constate, néanmoins, que le plaideur commet un crime (2); car il a cherché à corrompre
le magistrat ; et Ulpien rapporte qu'un édit de l'empereur Antonin Caracalla lui refusait l'action en restitution. Lorsque le plaideur avait, au contraire, corrompu
le juge, en lui donnant de l'argent pour qu'il rendit en
sa faveur un jugement injuste, la demande postérieure
en restitution était rejetée, sous le prétexte que la turpitude existait des deux côtés : ubi autem et dantis et
accipientis turpitudo versatur, non posse repeti dicimus, veluti si pecunia detur, ut male judicetur (loi 3,
fragment de Paul).

Quel était donc le fondement d'une telle différence
entre la bonne et la mauvaise cause? Pourquoi le

(1) § 2.
(2) Sed hic quoque crimen committit ; judicem enim corrumpere
videtur.

juge était-il soumis à la condictio, quand il avait fait
gagner un procès juste en droit? Pourquoi la condictio
était-elle impossible, quand il avait rendu une sentence inique? Il est probable que les jurisconsultes romains avaient fini par considérer, après de longues
hésitations qui nous sont révélées par Ulpien et par la
doctrine de l'édit de Caracalla, que le plaideur n'avait
pas commis un crime aussi considérable, en cherchant
à s'emparer de la condescendance du magistrat à l'occasion d'une cause qu'il devait gagner, sans qu'il fût
besoin de solliciter aucune bienveillance. On estimait,
en outre, que l'indignité était plus grave du côté de
l'acceptant que du côté du donnant. Le juge, en se
laissant séduire, a ouvertement violé les prescriptions de la morale, méconnu les devoirs de sa profession et compromis la dignité de son caractère. Le
plaideur est coupable, sans doute; il a voulu acheter
la justice et porter atteinte au principe le plus sacré
de la société, savoir : le respect de l'autorité judiciaire; cependant sa turpitude n'est pas égale. Il a
obéi à un mobile blâmable; mais l'infamie de son complice, qui a contrevenu aux obligations sévères de sa
conscience et donné un démenti aux règles traditionnelles du désintéressement de la magistrature, est
beaucoup plus grande et l'emporte sur la sienne. C'est
à l'aide de ces idées que l'on a accordé la répétition au
plaideur, dans le cas où il n'a cherché qu'à faire prévaloir plus sûrement une cause déjà juste par elle-
même. A l'égard de la cause injuste, on s'est montré
plus rigoureux, parce que le plaideur s'est alors mis

plus directement en opposition avec l'équité et les lois qui ont pour mission de protéger l'ordre public. Son infamie est devenue égale à celle du juge. Comme le juge, il a souillé le sanctuaire du tribunal; comme le juge, il a manqué de respect à la loi et à la morale; comme le juge, enfin, il a nui, par sa criminelle audace, à la sécurité sociale, qui est intéressée à ce que les transactions humaines ne soient pas le jouet d'hommes sans pudeur, dont la perversité ne craint pas de mettre la justice à l'encan.

En résumé, dans la première hypothèse, l'infamie du juge domine celle du plaideur, et la condictio a lieu, en vertu de la loi 1, § 2; dans la seconde, l'infamie est égale, et la demande en restitution est rejetée, en vertu de la maxime in pari causa, melior est causa possidentis.

Nous croyons bien peu rationnelle la conclusion des jurisconsultes romains. Permettre au juge de retenir les sommes qui lui ont été remises dans une intention criminelle, n'est-ce pas favoriser le retour de pareils excès? Et n'est-ce pas aussi encourager les mauvais juges? Il est vrai que des peines particulières pourront frapper celui qui se livre à de tels scandales; mais les poursuites criminelles qui seront intentées contre lui, ne sont que problématiques. Il aura peut-être le bonheur de s'y soustraire s'il n'est pas dénoncé; et s'il est poursuivi, il profite d'un bénéfice impur qu'il serait logique de lui retirer. Mais la législation romaine, quand elle s'engageait dans des déductions scientifiques, n'hésitait pas à en tirer toutes les conséquences les plus rigoureuses, pourvu qu'elles fussent en rapport avec les prémisses du théorème posé par les juristes. Ici, selon nous, elle a trop strictement obéi à la subtilité de l'argumentation puisée dans la théorie de l'indignité réciproque ou non réciproque ; elle a été trop aveuglément séduite par la perfection d'une égalité qui n'est pas suffisante pour accorder au magistrat le droit de jouir impunément du gain de son odieux trafic. Que si le plaideur est dans une position tellement défavorable qu'il serait injuste de l'autoriser à recouvrer son argent, pourquoi ne pas le confisquer au profit de l'ærarium ? Il y a là une lacune que les empereurs auraient dû combler, et c'est chose étonnante de leur part.

La loi 4, § 2, contient un autre exemple d'indignité de l'accipiens : Quoties autem solius accipientis turpitudo versatur, Celsus ait repeti posse, veluti si tibi dedero, ne mihi injuriam facias. — Je vous ai donné 10, afin que vous ne me fassiez pas d'injure. La cause de la livraison est illicite et par conséquent nulle. Vous êtes donc obligé de me rendre ce que je vous ai remis, car vous détenez en vertu d'un titre inique.

Lorsqu'un esclave s'échappait de la maison de son maître, celui-ci pouvait charger quelqu'un de se mettre à sa poursuite, et pour prix de ce mandat, il était d'usage de payer certaines rétributions que l'on appelait indicium. C'est ce qu'exprime le § 4 de la même loi (1). La convention de l'indicium était hon-

(1) Si tibi indicium dedero, ut fugitivum meum indices, vel furem rerum mearum, non poterit repeti quod datum est : nec enim turpiter accepisti.

— 48 —

nête; celui qui apportait ses soins à la recherche de
l'esclave, n'étant pas réputé avoir reçu turpiter, il en
résultait que le propriétaire n'avait pas le droit d'en
réclamer le prix. Que si pourtant l'esclave avait donné
à quelqu'un de l'argent pour qu'on ne le déclarât
point, le maître était fondé à redemander cet argent,
et pour cela, il avait une action quasi furi, c'est-à-
dire une condictio furtiva.

Ulpien examine encore, sous le § 4, si la répétition
est admissible lorsque le voleur lui-même, ou le complice soit d'un voleur, soit d'un esclave fugitif, a reçu
du propriétaire de la chose volée ou du patron, de l'argent relatif à un indicium; il pense qu'elle est possible. Puto condictionem locum habere; mais n'est-ce
pas incontestable, puisque l'individu chargé de décou-
vrir le voleur est précisément le voleur lui-même?

Julien, dans la loi 5, confirme ces principes. Si a
servo meo pecuniam quis accepisset, ne furtum ab eo
factum indicaret, sive indicasset, sive non, repetitionem fore ejus pecuniæ Proculus respondit.

Dans la loi 6, Ulpien parle, il est vrai, d'une cause
injuste; mais c'est toujours la même théorie de la répétition fondée sur l'indignité de l'accipiens (1).

Dans la loi 7, Pomponius range la violence parmi
les causes honteuses. Il est constant, suivant lui, que
l'on peut redemander une somme d'argent qu'on a été
obligé de payer à la suite d'une promesse extorquée

(1) Perpetuo Sabinus probavit veterum opinionem existimantium,
id quod ex injusta causa apud aliquem sit, posse condici. In qua
sententia etiam Celsus est.

par violence. C'est là une vérité presque banale, qui n'est mise en doute par personne.

Enfin, nous passons rapidement sur la loi 9, qui ne nous enseigne rien de nouveau.

Lorsque je vous ai prêté des habits à titre de commodat, et qu'ensuite j'ai été obligé de vous donner de l'argent, pour en obtenir la restitution, les jurisconsultes décident que j'aurai la condictio ob turpem causam contre vous, parce qu'il y a eu crime de votre part à retenir ces vêtements. Quoique j'aie donné de l'argent pour une cause qui s'est réalisée (vous m'avez, en effet, rendu mes vêtements), toutefois, vous avez reçu sans cause; il y a turpitude de votre part : Quamvis enim propter rem datum sit, et causa secuta sit, tamen turpiter datum est (1).

Pareillement, lorsque vous avez reçu de l'argent pour rendre une chose que je vous avais louée, ou pour livrer celle que vous m'aviez vendue, ou pour me procurer un objet que je vous avais chargé d'acheter en mon nom, j'aurai contre vous l'action ex locato, vel vendito, vel mandato(2). Lorsque je vous ai donné de l'argent pour vous solliciter à me transférer un legs que vous me deviez en vertu d'un testament, pour accomplir un engagement que vous aviez promis d'exécuter en vertu d'une stipulation qui était précédemment intervenue entre nous, vous avez encore reçu turpiter, et la répétition m'est accordée de plein droit; c'est incontestable. La loi 9 n'est que le complément

(1) L. 9, procemium.
(2) L. 9, § 1.

de la loi 2, § 1. Au surplus, l'énumération des différentes conventions dans lesquelles la condictio se
fonde sur l'indignité de l'accipiens, est loin d'être limitative. Toutes les transactions de ce genre conduisent
à des résultats identiques; mais il est nécessaire de
bien préciser la nature de l'indignité relative qui frappe
ici l'un des contractants, tandis que l'autre est favorablement traité par la loi. Dans les nombreuses hypothèses que nous venons d'exposer, l'accipiens est seul
coupable; celui qui a donné n'est pas en faute, ou
du moins, en supposant qu'il ait quelque reproche à
se faire, sa situation est toujours réputée moins répréhensible, comme nous l'avons montré pour le cas du
plaideur qui a tenté de corrompre son juge, à l'occasion
d'un procès qu'il devait gagner d'après le droit lui-
même. Par conséquent, toutes les fois qu'on voudra
savoir si telle transaction est susceptible ou non de
produire un effet définitif vis-à-vis de celui qui a
payé, il faudra rechercher s'il a agi sans turpitude, et,
en outre, si l'accipiens s'est bien ou mal conduit, en
trafiquant d'une chose honnête ou déshonnête. Voilà
donc les deux conditions essentielles de la matière :
elles ressortent clairement des textes que nous avons
traduits et commentés.

Indignité de celui qui donne. — Le Digeste ne renferme qu'un exemple de la turpitudo dantis, et voici
comment il est conçu (1) :

(1) L. 4, § 3, fragment d'Ulpien.

Sed quod meretrici datur, repeti non potest, ut Labeo et Marcellus scribunt; sed nova ratione, non ea quod utriusque turpitudo versatur, sed solius dantis; illam enim turpiter facere, quod sit meretrix, non turpiter accipere, cum sit meretrix. — Labéon et Marcellus écrivent que ce qui est donné à une courtisane n'est pas sujet à la répétition. Mais ce n'est point par la raison qu'il y a turpitude des deux côtés; car la turpitude n'existe que par rapport à celui qui donne, solius dantis. Sans doute, la courtisane est infâme; elle commet une action honteuse, en se vendant. Néanmoins, elle ne reçoit pas turpiter l'argent qu'on lui donne, parce que son métier est d'être courtisane et de recevoir de l'argent pour le prix de son corps.

Nous avouons que ce raisonnement est d'une déplorable subtilité; mais il donne bien le secret de la théorie romaine à l'égard de la non-répétition des sommes payées par un individu plus indigne que l'accipiens. De même que tout-à-l'heure nous constations que la recevabilité de la demande en restitution avait pour motif principal l'appréciation du fait générateur du contrat illicite, de même, dans notre espèce, les jurisconsultes mesuraient avec une précision mathématique la turpitude des deux contractants; et la balance, qui penchait contre l'accipiens, est maintenant en sa faveur. Y a-t-il égalité de turpitude? C'est la question, le problème à résoudre. Quelle est la position la plus immorale? Est-ce celle de l'accipiens? Est-ce celle de la personne qui a payé? Si les deux parties sont également criminelles, pas de condictio; si l'une l'a été moins que l'autre, la condictio devient possible. Or, il semblerait que la courtisane, qui se prostitue publiquement (meretrix signifie une fille publique), devrait être considérée comme plus indigne, son immoralité étant plus flagrante ; par une singulière aberration qu'il est bien difficile de justifier, Ulpien la préfère pourtant à l'individu qui a contracté avec elle, et il l'autorise à conserver l'argent qu'elle a reçu, sous le prétexte que la prostitution est son métier ! Il se plaît à établir deux poids et deux mesures, deux situations et deux morales. Sa doctrine n'est-elle pas étrange ? Il est vrai qu'il l'emprunte à Labéon et à Marcellus ; il paraît aussi se contenter de citer leur opinion, en disant : voilà ce qu'ils ont écrit. Mais il entend se l'approprier, quand il en explique complaisamment les bases. Ne serait-il pas plus rationnel de prétendre que la courtisane est autorisée à retenir le prix qu'elle a touché pour son libertinage, parce qu'en matière d'égalité de turpitude la rétention appartient de plein droit à celui qui possède, le sanctuaire de justice ne devant pas être souillé par le récit de semblables scandales et les débats de contestations impures. Que s'il est possible que la courtisane soit relativement moins coupable que le libertin, qui lui a soldé l'estimation de ses faveurs, n'est-il pas néanmoins manifeste que ce libertin est sans droit à réclamer ce qu'il a volontairement livré ? Le fait est donc accompli, et c'est le cas de couvrir leur honte réciproque par la maxime : In pari causa, melior est causa possidentis.

Malgré la critique que comporte le § 3 de la loi 1,

nous sommes forcé de reconnaître que l'exemple, tiré
du marché honteux de la courtisane et de son complice, constituait l'application des principes du préambule de la loi 1. La cause était dite honteuse, ainsi que
nous l'avons énoncé, suivant que la turpitude se rap-
portait à l'accipiens ou à l'autre partie, et suivant
qu'elle les concernait toutes deux. Les trois degrés
d'infamie avaient été expressément prévus; il faut
donc nous conformer aux conséquences qui résultent
de leur classification.

Existe-t-il d'autres transactions dans lesquelles la
turpitudo dantis peut se rencontrer isolément? Cela ne
nous est pas prouvé, et nous croyons que le plus souvent
la turpitudo dantis est inséparable de la turpitudo accipientis, surtout lorsqu'on envisage des contrats absolument illicites. Titius, dans l'intention de faire accomplir un acte immoral, donne 10 à Sempronius qui
accomplit cet acte : nous avons là un exemple d'infamie
réciproque, qui empêchera toute répétition ultérieure.
Eh bien! nous n'apercevons pas le moyen de scinder
l'indignité de Titius et de Sempronius, alors pourtant
qu'il s'agirait d'actions différentes, pourvu qu'on les
suppose immorales. A l'exception de la doctrine spé-
cieuse d'Ulpien sur la courtisane, comment Sempronius pourrait-il commettre une action illicite, qui lui
est payée à prix d'argent, sans se rendre coupable du
même délit et sans encourir la même honte?

Indignité réciproque des deux contractants. — Les
reproches que nous venons d'adresser à Ulpien à pro-

pos de la meretrix sont d'autant plus justes, qu'il admet lui-même, dans le préambule de la loi 4, que le stuprum ne donne pas lieu à la condictio, et cela, parce qu'il y a égalité de turpitude. On sait que les Romains appelaient stuprum tout commerce contraire aux bonnes mœurs, indépendamment des circonstances aggravantes dont il pouvait être accompagné, qu'il y eût violence ou non, qu'il fût consommé entre parents ou alliés au degré prohibé, entre une femme mariée et son amant; stuprum était le terme générique, qui tantôt prenait le nom d'adulterium ou d'incestum. Le stuprum sans violence était puni de la confiscation d'une moitié des biens ou de quelque peine corporelle avec rélégation dans une île (1); le stuprum avec violence, la polygamie, l'inceste et l'adultère étaient punis de mort. Le stuprum dont parle la loi 4, est le stuprum sans violence. On suppose qu'une somme d'argent ou un objet quelconque a été livré pour séduire une femme. Si le séducteur prétend réclamer plus tard ce qu'il a payé, son action sera repoussée par l'exception d'égalité d'infamie. Comment supporter, en effet, qu'il ose intenter un pareil procès, lorsque son crime le rend passible de condamnations très sévères? De quel droit prétend-il s'armer? Sa réclamation n'est-elle pas souverainement illégitime?

Quant à la femme qui s'est laissée séduire, elle a sans doute offensé la morale; mais comme il y a turpitude, sinon égale, au moins réciproque dans le

_____

(1) Instituts de Justinien, lib. iv, tit. 18, § 4.

commerce auquel se sont livrés les deux contractants, elle sera protégée par le fait accompli, par le paiement volontaire, par la tradition de la chose convenue, contre la demande en restitution du suborneur. Elle possède, qu'elle conserve; car entre deux maux il faut toujours choisir le moindre, et les inconvénients sont plus faibles du côté de la rétention que du côté de la répétition. Mais n'est-il pas injuste, objectera-t-on, qu'elle conserve un gain illicite provenant d'un contrat odieux? Ne s'enrichit-elle pas au moyen d'une cause injuste? Oui. Cependant le suborneur n'est pas recevable à se plaindre de la perte qu'il éprouve; car celui qui éprouve un dommage par sa propre faute est censé n'en éprouver aucun.

Les mêmes principes touchant l'égalité de turpitude sont applicables à celui qui, ayant été surpris en flagrant délit d'adultère (vel si quis in adulterio deprehensus, redemerit se) (1), a donné de l'argent à quelqu'un pour n'être pas dénoncé et pour se racheter de la peine qu'il a encourue. Ici encore la turpitudo dantis et celle de l'accipiens sont égales; le contrat est immoral des deux côtés, et la condictio est écartée.

La répétition cesse pareillement, lorsqu'un voleur a acheté le silence de celui qui l'a découvert (2). Utriusque turpitudo versatur; tous deux ont contrevenu à la loi et offensé la morale. Le voleur n'est donc pas admis à exiger le remboursement de ce qu'il a avancé à son complice.

(1) L. 4, prœmium.
(2) Id., § 1.

Nous avons parlé plus haut de l'indignité commune du plaideur et du juge, lorsque l'argent a été donné dans le but d'obtenir une sentence inique. C'est le quatrième exemple de l'égalité de turpitude. Ce que nous en avons dit nous dispense d'y insister davantage.

Il nous reste à expliquer la loi 8, qui a formulé la célèbre maxime de l'in pari causa melior est causa possidentis.

Si ob turpem causam promiserit Titio, quamvis si petit, exceptione doli mali, vel in factum summovere eum possis; tamen si solveris, non posse te repetere, quoniam sublata proxima causa stipulationis, quæ propter exceptionem inanis esset, pristina causa, id est turpitudo, superesset : porro autem si et dantis et accipientis turpis causa sit, possessorem potiorem esse, et ideo repetitionem cessare, tametsi ex stipulatione solutum est (1). Si vous avez promis à Titius pour une cause honteuse, dans le cas où il agirait contre vous en vertu de cette promesse, vous pouvez lui opposer l'exception doli mali, ou vous défendre in factum, c'est-à-dire en exposant le fait. Il n'en est plus de même si vous avez payé. Alors, la répétition n'a pas lieu, parce que votre cause n'est plus intacte; votre promesse, qui était la causa proxima de la stipulation, a en quelque sorte disparu. C'était elle qui vous autorisait à vous défendre par l'exception de dol; maintenant, on ne doit plus y faire attention. Il ne subsiste

(1) Paul, lib. III, Quæstionum.

qu'un élément d'appréciation, et cet élément est la pristina causa de la stipulation, c'est-à-dire votre turpitude. Et Paul ajoute : Porro autem si et dantis et accipientis turpis causa sit, possessorem potiorem esse, Si la cause honteuse existe des deux côtés, le possesseur est préférable.

Le commencement de la loi 8 se préoccupe de la turpitudo dantis ; il décide que cette turpitudo est capable d'arrêter la demande du créancier, stipulator, qui sera repoussé par l'exception de la mauvaise foi, puisqu'une cause honteuse est impuissante à engendrer un effet juridique. Tant que le promettant n'exécutera pas la convention, le stipulant sera réduit au silence. Il lui est impossible de poursuivre en justice le paiement de la chose promise. Mais dans le cas où le promettant a payé, il lui est interdit de revenir sur l'exécution qu'il a consommée volontairement, et cela, parce que l'exceptio doli mali lui est désormais enlevée. De la promesse, il ne subsiste que la causa pristina ; ce qu'on examine en dernier lieu, c'est la turpitudo ; or, il est équitable d'admettre la preuve de l'illégalité du contrat, lorsque la situation des parties est encore intacte ; il est au contraire rationnel de fermer la porte aux contestations honteuses, lorsque le demandeur ne se prévaut plus que de son repentir trop tardif. Le dommage qu'il éprouve, il l'a assumé sciemment. Qu'il en supporte donc les conséquences, si onéreuses qu'elles soient pour sa fortune. Personne ne s'apitoiera sur son sort.

Quoique la première partie de la loi 8 n'indique pas

expressément pour la turpitudo dantis le principe
de la possession, comme formant le titre du stipulant
et lui accordant le droit de rétention, nous pensons que
la pristina causa tirée de la honte de celui qui a donné
ne suffit pas à justifier le résultat auquel il est astreint.
In turpi causa, melior est causa possidentis, telle est
la règle générale. Faut-il compléter la maxime, ainsi
que l'ont fait quelques commentateurs, en disant: in
turpi et pari causa? L'égalité, la réciprocité, est-elle
une condition essentielle? Non, certainement; car nous
avons démontré plus haut que les jurisconsultes romains avaient concédé la rétention à l'accipiens, malgré le blâme qu'il pouvait avoir encouru, malgré sa
honte personnelle, pourvu qu'elle fût moins grande
que la turpitudo dantis; nous avons déclaré aussi qu'il
était bien difficile de scinder les deux hypothèses et de
trouver, dans ces conventions immorales, un innocent
à côté du coupable. C'est pourquoi, à part le vice dont
est entachée l'intention primordiale du promettant et
qui le rend indigne de rentrer dans les sommes qu'il a
versées postérieurement, le stipulant conserve ce qu'il
a reçu, non pas toujours parce qu'il est innocent, mais
surtout parce qu'il possède.

On a donc vainement cherché à formuler l'axiome
de la loi 8, en y ajoutant un mot qu'elle ne contient
pas. Cette altération du texte est un contre-sens. Ce que
le Droit Romain exige, ce n'est pas l'égalité stricte,
mais la similitude dans l'indignité. Veut-on s'en convaincre? qu'on relise la loi 3 et qu'on en comprenne
exactement la portée : Ubi autem et dantis et accipien-

tis turpitudo versatur, non posse repeti dicimus, veluti
si pecunia detur, ut male judicetur. Le juge et le plaideur commettent tous deux une action criminelle. Et
pourtant quel est le plus coupable? N'est-ce pas le magistrat prévaricateur, dont les devoirs sont beaucoup
plus étroits et beaucoup plus rigoureux, dont la corruption est un mal public qui expose la société aux plus
graves inconvénients? Pourquoi, dès-lors, le laisser
jouir de son salaire impie? Direz-vous que le plaideur
s'est couvert d'un opprobre égal au sien? C'est impossible (1).

On a prétendu, enfin, que le Droit Romain distinguait la cause honteuse de la cause injuste; que la première est régie par notre titre, et la seconde par les principes qui concernent les contrats nuls ou dénués de
cause. Nous allons voir si cette opinion est fondée, et
c'est par là que nous terminerons notre étude de la condictio ob turpem vel injustam causam.

Il n'est pas inutile de remarquer d'abord que, dans
le Code Napoléon, l'art. 1133 assimile entièrement la
cause contraire aux bonnes mœurs, causa turpis, à la
cause illicite, causa injusta (2). Nous estimons qu'il en
était de même en Droit Romain.

Ce qui le prouve, c'est le langage de la loi de

____

(1) M. Jeannotte-Bozérian (dans son livre sur la Bourse, I,
p. 338), signale avec raison l'erreur de la Cour de Cassation qui, en
1845, à l'occasion de la célèbre question des contre-lettres en matière de cession d'office, énonce que la cause honteuse devait, en
Droit Romain, non-seulement être commune, mais encore complètement égale de la part des deux contractants.

(2) Art. 1133. — La cause est illicite, quand elle est prohibée par
la loi, quand elle est contraire aux bonnes mœurs ou à l'ordre public.

notre titre et de la loi 52 du titre de Condictione indebiti. Voici comment un auteur, qui s'est récemment
fait connaître dans le monde scientifique par un traité
très remarquable et très complet sur les jeux de Bourse,
M. Jeannolte-Bozérian, a déterminé le sens de ces deux
passages; nous ne saurions mieux faire que de le citer
textuellement.

Il semble résulter, écrit-il en parlant de ces deux
passages, que les jurisconsultes romains « divisaient
ce que nous appelons les causes générales d'une obligation, en deux genres seulement : la cause dite turpis
et la cause dite honesta, laissant ensuite aux classifi-
cateurs le soin de faire rentrer dans chacun de ces genres les espèces qui pourraient se présenter, et qu'en
conséquence ils considéraient la cause illicite comme
une variété de la cause honteuse. »

Si, d'ailleurs, l'assimilation est manifeste dans l'article 1133 du Code Napoléon, peut-elle l'être moins
dans l'intitulé même de notre titre : De Condictione ob
turpem vel injustam causam?

Ainsi, l'intitulé de ce titre énonce positivement que
les principes applicables à la cause dite turpis, sont pareillement applicables à la cause dite injusta, et l'opinion des adversaires, ajoute M. Jeannolte-Bozérian,
conduit à des résultats qui répugnent à la raison. « Car,
si les causes honteuses sont celles qui sont réprouvées
par la morale absolue, et les causes illicites celles qui
sont simplement en opposition avec la législation spéciale d'un pays, il semble qu'on doive se montrer moins
sévère contre les obligations qui reposent sur ces der-

nières causes. Or, c'est précisément le contraire qui arrive, puisque si on consent à refuser quelquefois la répétition à l'égard de l'obligation honteuse, on demande qu'elle soit toujours accordée à l'égard de l'obligation illicite. »

Les partisans du système que nous combattons se sont emparés de deux textes empruntés au titre de la condictio sine causa, pour en conclure qu'il existait une différence bien marquée entre la cause honteuse et la cause illicite; ils ont affirmé que Papinien avait nettement approuvé leur doctrine dans la loi 5, qui est ainsi conçue :

Avunculo nuptura pecuniam in dotem dedit, neque nupsit, an eadem repetere possit quæsitum est? Dixi cum ob turpem causam dantis et accipientis pecunia numeretur, cessare condictionem, et in delicto pari potiorem esse possessorem : quam rationem fortassis aliquem secutum respondere, non habituram mulierem condictionem. Sed recte defendi, non tam turpem causam in proposito quam nullam fuisse; cum pecunia quæ daretur in dotem converti nequiret, non enim stupri, sed matrimonii gratia datum esse.— Une nièce, dans le dessein d'épouser son oncle maternel, lui a donné de l'argent en dot. Le mariage n'a pas eu lieu. On demandait si elle pouvait répéter ce qu'elle avait donné. J'ai répondu que toutes les fois que de l'argent a été compté pour une cause honteuse et de la part de celui qui l'a compté et de la part de celui qui l'a reçu, la condiction cesse, et que dans un délit égal le possesseur est préféré. Si l'on suivait ce sentiment, il faudrait dire que la femme n'aura pas le droit de répéter; mais on est fondé à soutenir que, dans cet'e hypothèse, la cause est plutôt nulle que honteuse, puisque l'argent ne pouvait pas être employé en dot. La dot avait, d'ailleurs, été donnée en vue d'un mariage et non d'un stuprum.

Rien, objecte-t-on, n'est plus formel. La cause était purement illicite, et Papinien s'empresse de la séparer de la cause honteuse. — Mais on ne fait pas attention au soin qu'il apporte à expliquer sa pensée, et Pothier, dans ses Pandectes, en a donné les vrais motifs, qui demeurent sans réplique. Si la nièce avait livré de l'argent à son oncle, dans le but de contracter avec lui une union illégitime, la cause serait alors honteuse et la condiction interdite. Or, ce n'est point là ce qui est arrivé. Elle voulait contracter une union légitime. Cette union étant prohibée par la loi et le mariage n'ayant pas pu avoir lieu, la dot a été donnée sans cause. Voilà ce que signifie le texte de Papinien ; il ne renferme rien de plus, et c'est à tort qu'il a été invoqué.

Il en est de même du § 1 de la loi 5. Une belle-mère a donné de l'argent à son beau-fils à titre de dot, dans le dessein de se marier avec lui ; une bru (nurus) a donné pareillement une dot à son beau-père pour s'unir à lui en justes noces. Le mariage ne s'est pas fait. Il paraît, au premier abord, dit Papinien, que la répétition est impossible, parce que, suivant le droit des gens, de telles unions sont incestueuses. Cependant il est plus juste de décider que la cause de la dot est nulle et, par conséquent, que la restitution est imposée au beau-père ou au beau-fils.

Il faut donc reconnaître que le Droit Romain ne sé-
parait pas la cause honteuse de la cause illicite. Dans
les exemples de Papinien, il s'agit de conctio sine causa,
vel causa data causa non secuta, et non pas de causes
injustes. Au Digeste, de même que dans l'art. 1133 de
notre Code, la cause injuste est une espèce de cause
honteuse, et comme telle elle est soumise à des principes identiques.

DROIT FRANÇAIS.

NOTIONS THÉORIQUES.

Il existe, dans le Code Napoléon, deux définitions du contrat aléatoire : l'une nous est fournie par l'article 1104, et l'autre par l'art. 1964.

L'art. 1104, après avoir déclaré que le contrat est commutatif, lorsque chacune des parties s'engage à donner ou à faire une chose qui est regardée comme l'équivalent de ce qu'on lui donne, ou de ce qu'on fait pour elle, ajoute que le contrat devient aléatoire lorsque l'équivalent consiste dans la chance de gain ou de perte pour chacune des parties, d'après un évènement incertain.

Suivant l'art. 1964, le contrat aléatoire est une convention réciproque dont les effets, quant aux avantages et aux pertes, soit pour toutes les parties, soit pour l'une ou plusieurs d'entre elles, dépendent d'un évènement incertain.

Ces deux articles se contredisent. Le premier exige que la chance de gain ou de perte se rencontre pour chacune des parties; le second considère le contrat comme aléatoire, soit que la chance de gain ou de perte se trouve stipulée en faveur de chacune des parties, soit qu'elle ait lieu pour l'une d'elles seulement.

Quelle est la meilleure de ces deux définitions ?

5

Quelle est surtout la plus exacte ? A laquelle faut-il nous arrêter ?

Avant d'entrer dans l'exposé de la théorie du jeu, qui constitue le contrat aléatoire par excellence, il est nécessaire de déterminer très nettement les principes scientifiques sur lesquels nous appuyons le système général que nous allons émettre.

On appelle contrat à titre onéreux celui qui assujettit chacune des parties à donner ou à faire quelque chose, comme dans la vente ou dans l'échange. Chacune des parties reçoit un avantage contre celui qu'elle procure. Or, la division des contrats en commutatifs et aléatoires n'est qu'une subdivision des contrats à titre onéreux. Rien n'est plus juste, et nous démontrons ainsi que la définition de l'art. 1964 s'écarte de la vérité. Cependant elle est adoptée par un grand nombre d'auteurs dont nous devons examiner les raisonnements.

L'art. 1964, nous dit-on, est placé au titre et en tête des contrats aléatoires. C'est donc à lui qu'il faut se reporter, pour préciser les règles les plus sûres de la matière. On se fonde, en outre, sur la convention qui intervient dans les contrats d'assurance, et voici comment on argumente. Il est impossible de nier que l'assurance soit un contrat aléatoire. Néanmoins, l'une des parties y reçoit une simple chance de gain en échange d'un équivalent certain qu'elle procure à l'autre. L'égalité de chance, condition de l'art. 1104, n'y est pas contenue. La position de l'assureur et de l'assuré est loin d'être semblable. L'assureur peut gagner ou perdre. S'il n'arrive aucun sinistre, il gagnera. Il gagnera la prime qui lui a été consentie pour prix de la responsabilité qu'il a encourue. Si l'objet assuré vient à périr, il perdra, puisqu'il sera débiteur d'une indemnité qui absorbera et dépassera la prime qu'on lui a payée. C'est pourquoi, à son égard, le contrat est parfaitement aléatoire, parce que ses effets, quant au gain et à la perte, sont subordonnés à un évènement incertain, le sinistre. Vis-à-vis de l'assuré, au contraire, l'aléa ne se voit plus; car tout est définitivement fixé ab initio : dès l'instant de la formation du contrat, les choses sont réglées d'une manière certaine et irrévocable. L'assuré, en effet, n'a rien à espérer; il est sûr de perdre, et aucune chance de gain ne peut se concevoir à son profit. S'il n'arrive pas de sinistre, il perd la prime qu'il a déboursée; si le sinistre se réalise, il évite alors de perdre, en recevant une indemnité; mais l'indemnité ne le fait pas gagner. Par conséquent, il est vrai de dire, avec l'art. 1964, que la chance de gain ou de perte peut exister pour l'une des parties seulement.

Malgré la rigueur apparente de cette argumentation, nous préférons l'enseignement de l'art. 1104. Le contrat aléatoire est un contrat intéressé, pécuniaire, à titre onéreux. Selon la remarque de M. Mourlon (1), on ne comprend pas un contrat à titre onéreux dans lequel l'une des parties serait sûre de perdre. On ne contracte pas, quand on n'a point l'espoir d'un gain à faire. Si l'assuré risque sa prime, il reçoit une compensation qui se transforme en un gain réel, puisqu'elle

(1) Tome III, p. 382.

lui conserve sa fortune, qui aurait été perdue sans le
contrat d'assurance. La conservation de sa fortune ou
du moins de l'objet garanti, voilà son gain. Il a manqué de perdre, cela suffit; bien plus, c'est un avantage
énorme. Il ne s'est pas enrichi, nous l'avouons, en ce
sens que ses biens ne se sont pas accrus; mais il s'est
enrichi, en ce sens qu'il a évité le désastre contre lequel il a voulu être préservé. Il gagne beaucoup plus
que l'assureur lui-même, qui n'avait qu'une chance
de gain très minime, et c'est une pure subtilité que de
ne pas voir là un bénéfice. Que si l'accident ne se produit pas, il perd sans doute; mais tel est le sort de tous
les contrats à titre onéreux : ce que l'une des parties
perd, l'autre le gagne, et réciproquement, parce que
la chance de gain doit nécessairement naître pour celui-
ci, alors qu'il y a chance de perte pour celui-là. La
position est absolument égale, relativement à l'aléa,
entre l'assureur et l'assuré. Ce qui forme le gain de
l'assureur est la perte de l'assuré; ce qui forme le gain
de l'assuré est la perte de l'assureur. La chance, pour
chacun, est inverse et réciproque.

L'erreur dans laquelle est tombé l'art. 1964 est facile à signaler. Les rédacteurs du Code ont confondu
les effets du contrat avec les prestations nécessaires à sa
formation. Jamais les effets d'un contrat ne peuvent
être aléatoires pour l'un des contractants, sans l'être
en même temps pour l'autre, tandis que rien n'empêche
que la prestation de celui-ci soit certaine, définitive,
irrévocable, et la prestation de celui-là subordonnée à
un évènement futur, dont l'existence est en suspens,

ainsi que nous l'apercevons précisément dans le contrat
d'assurance, où la prestation est éventuelle pour l'assureur, qui paiera ou ne paiera pas d'indemnité, suivant
qu'il y aura ou qu'il n'y aura pas de sinistre, et certaine
pour l'assuré qui paie la prime, quoi qu'il arrive.

L'art. 1964 cite comme exemples de contrats aléatoires les assurances, le prêt à la grosse aventure, le
jeu, le pari et la rente viagère. Son énumération n'est
pas limitative. Indépendamment de ces cinq contrats qui
ont un nom spécial, il y a un grand nombre de conventions aléatoires qu'il est inutile de relever toutes ici,
nous contentant d'en distinguer quelques-unes, savoir :
la vente d'un coup de filet, d'une succession ouverte,
d'un droit litigieux, d'un droit d'usufruit, d'une récolte à venir...

Le jeu est, par excellence, un contrat aléatoire qui
soumet chacune des parties à l'expectative d'un gain
ou d'une perte; réciprocité de chances et de risques,
c'est le premier caractère qu'il présente. Sa définition
concorde donc exactement avec le second paragraphe
de l'art. 1104. Il est aléatoire, quoique l'aléa n'en soit
pas toujours la condition principale; car on est obligé
de distinguer plusieurs espèces de jeux : les jeux de
pur hasard, les jeux de pure adresse, et enfin les jeux
mixtes, qui sont mélangés d'adresse et de hasard. Le
jeu de pure adresse, de même que les autres jeux,
forme un contrat aléatoire. Néanmoins, il faut reconnaître qu'il n'est pas complètement soumis à l'influence
du sort. Un élément particulier le compose et semble y
dominer; c'est l'habileté. Mais l'incertain n'y conserve

pas moins une place. Si grande, en effet, que soit la puissance du joueur, si ingénieuses que soient ses combinaisons, si légitimes et fondées que puissent être ses espérances, l'évènement ne lui appartient pas; il n'en est pas le maître absolu; car ses calculs et ses efforts demeurent problématiques jusqu'à l'issue définitive de la lutte, puisqu'un seul oubli, une seule distraction, un faux mouvement, une faute imprévue, une mauvaise disposition de corps ou d'esprit, et mille circonstances qu'il n'avait pas imaginées sont capables de changer le résultat, pour amener la défaite au lieu du triomphe sur lequel il comptait.

Les contrats aléatoires sont intéressés de part et d'autre. Le jeu, par conséquent, est un contrat intéressé; en cela, il se rapproche des contrats commutatifs et s'éloigne des contrats de bienfaisance. Toullier s'est donc gravement trompé, quand il énonce que le jeu est une donation réciproque que se font les parties sous forme conditionnelle. Il n'y a pas donation; car il n'y a pas libéralité. Le gagnant reçoit, il est vrai, la somme ou la chose convenue, sans rien donner à la place; mais cela ne prouve pas qu'il la reçoive gratuitement. S'il la reçoit, c'est en vertu d'une convention spéciale, c'est à titre onéreux, à titre de paiement; elle est le prix du risque qu'il a couru de donner lui-même une pareille valeur, dans le cas où l'évènement se serait déclaré contre lui; elle est la récompense du péril auquel il s'est exposé.

Si le jeu n'est pas un contrat de bienfaisance, il ne faut pas non plus l'assimiler trop strictement au contrat

commutatif. Dans le contrat commutatif, nous trouvons une chose donnée, chose matérielle et palpable,
qui est l'équivalent d'une chose reçue, chose également matérielle, appréciable par qualité et quantité;
dans le jeu, dans le contrat aléatoire en général, mais
dans le jeu surtout, la chose reçue n'a qu'un équivalent fictif. Cet équivalent, c'est le péril qui se vend et
s'achète, suivant l'expression de M. le premier président Troplong(1) : periculum pecuniâ œstimatur. Dans
le contrat d'assurance, l'assuré a payé pour être préservé du danger; il en est appelé l'acheteur; l'assureur,
qui en a reçu l'estimation, en est appelé le vendeur.
Dans le jeu, la somme reçue est la représentation de
la somme risquée; c'est bien le prix du péril.

Quoique le jeu soit le plus souvent un contrat à titre onéreux, on distingue le jeu intéressé proprement
dit du jeu désintéressé. Il est intéressé, lorsqu'on y expose une somme d'argent ou toute autre valeur; il est
désintéressé, lorsqu'on ne se propose aucun gain pécuniaire, ou lorsque les sommes qui sont avancées par les
joueurs sont tellement faibles qu'il est impossible de les
considérer réellement comme un avantage pécuniaire
pour celui entre les mains duquel elles viennent à tomber. Le jeu intéressé est appelé vulgairement gros jeu;
le jeu désintéressé est un amusement, une distraction,
un plaisir, factum delectabile, cessatio à negotiis, dit
Caccialupus.

Pothier (2) entend aussi par jeu désintéressé la con-

(1) Contrats aléatoires, no 6.
(2) Traité du jeu, no 29.

vention en vertu de laquelle on joue seulement les dépenses du jeu; c'est ce qui arrive, dit-il, lorsque l'unique avantage de celui qui gagne consiste en ce qu'il est dispensé de contribuer au paiement des frais occasionnés par la récréation commune. Le perdant solde alors en entier ce qu'on a coutume de donner aux domestiques pour le prix des cartes et au tripotier pour la partie de paume ou de billard.

Nous avons admis qu'il existe trois espèces de jeux : les jeux de pur hasard, les jeux de pure adresse et les jeux mixtes. On nomme jeux de pur hasard ceux dans lesquels le résultat fortuit, dont dépend le gain de la partie, est entièrement soustrait au fait et à l'habileté des joueurs; tels sont : le lansquenet, les dés, le loto, le pharaon, la roulette et tant d'autres. C'est le hasard qui seul décide; c'est la chance qui seule produit le bonheur et amène le malheur. Le mot chance exprime d'ailleurs parfaitement, d'après son étymologie, l'idée de l'alea absolu auquel tous ces jeux sont subordonnés; il vient de cadentia, chute des dés, ou de chancz, terme celtique qui signifie jeu de dés. Le jeu de dés est, en effet, le type des jeux de hasard; il est le premier dans l'ordre des inventions; c'est lui qui a été le plus fréquemment usité, poursuivi et condamné dans les temps antérieurs à notre législation actuelle.

Les jeux de pure adresse sont ceux dans lesquels le gain de la partie est, au contraire, soumis au fait et à l'habileté des joueurs. Le hasard n'y prend qu'une place très restreinte. Il n'en est pas complètement exclu, ainsi que nous l'avons démontré; mais comme il n'en est pas la condition essentielle et primordiale, la dénomination de jeux de pure adresse peut leur être conservée sans inconvénient. Nous aurons lieu bientôt de développer leur caractère légal, en étudiant l'article 1966; qu'il nous suffise d'énoncer, pour le moment, que l'on doit les subdiviser en deux classes; car il y a deux sortes d'adresse : l'adresse corporelle et l'adresse intellectuelle. L'article 1966 ne parle que des jeux d'adresse corporelle; nous examinerons la théorie particulière qu'il contient à leur égard, pour savoir s'il faut l'étendre aux jeux qui développent et forment l'esprit, en lui imposant des combinaisons, des travaux, des efforts qui peuvent avoir leur mérite, mais dont le législateur ne semble pas s'être préoccupé.

Les jeux mixtes se composent d'un double élément : ils sont mélangés d'adresse et de hasard. Ce mélange n'est pas toujours le même. Tantôt la somme d'adresse est supérieure à la somme de hasard que l'on y remarque; tantôt la part du hasard y est plus forte que celle de l'adresse. C'est pourquoi nous sommes encore forcé d'établir ici une subdivision que la jurisprudence a eu très souvent l'occasion de tracer, et nous l'adoptons, bien qu'elle soit quelquefois arbitraire. La première catégorie des jeux mixtes comprend ceux dans lesquels il entre beaucoup plus de hasard que d'habileté; on ne tient pas compte alors de l'habileté, quand elle est presque totalement absorbée par l'autre élément, et l'on répute ces jeux comme étant de pur hasard. La seconde catégorie comprend ceux où il entre, au contraire, beaucoup moins de hasard que d'habi-

leté. Ici, par conséquent, le hasard, qui constituait le
principal, ne devient plus que l'accessoire; il est emporté, il disparaît devant une quantité plus considérable; de sorte que ces jeux sont regardés simplement
comme jeux savants ou d'adresse. Il résulte de cette
façon de procéder que le nombre des jeux mixtes sera
notablement réduit, puisque nous exigeons que les
deux éléments se réunissent ensemble, sinon en proportions adéquates, au moins de façon à se contrebalancer. Mais, cependant, il ne faut pas croire que notre
distinction soit inutile scientifiquement. Le whist,
l'écarté, le piquet, voilà des jeux mixtes. Il y en a bien
d'autres qui sont mélangés à peu près également de
chance et d'adresse. Toutefois, les magistrats, qui sont
chargés d'appliquer rigoureusement les textes de notre
loi, dont l'esprit est défavorable à tous les jeux, sauf à
quelques-uns, d'une nature exceptionnelle, ont eu raison de se servir de l'excellente règle majors pars trahit
ad se minorem, dans le but d'en tirer des conclusions
que nous nous proposons d'apprécier plus tard.

Nous venons de déterminer le caractère du jeu, au
point de vue juridique; il nous reste à l'envisager au
point de vue de la morale et du droit naturel.

Aucun sujet n'a été la source d'autant de lieux communs et de vaines déclamations. Quant à nous, nous
voulons nous garder de tout excès de ce genre, nous
étudiant à observer le plus possible la réserve qui nous
est commandée par la raison et le goût. Nous n'ap-
prendrions d'ailleurs à personne que la passion du
jeu est la cause des plus funestes désordres, des plus

tristes débordements qui jettent le trouble, la ruine et
le déshonneur au sein des familles. Mais, considéré en
lui-même, abstraction faite de la fin que se proposent
ordinairement les joueurs, lorsqu'ils en tirent un moyen
de lucre, le jeu n'a rien de mauvais. Il est, en outre,
indispensable à l'homme, qui a besoin de délassement
et de plaisir, après le travail et la peine. Oui, le jeu n'a
rien de contraire à la morale, à l'ordre public, au droit
naturel, à la religion même, pourvu que les joueurs n'y
cherchent qu'une récréation passagère, une distraction
honnête et modérée. C'est ce que Cicéron (1), qui a réuni
dans un traité célèbre les maximes de la sagesse et les
préceptes du devoir, expose et démontre en un style
toujours admirable. Il est vrai, sans doute, écrit-il, que
nous ne sommes pas faits pour le jeu et le plaisir;
notre nature est plutôt sévère, grave, destinée aux
rudes labeurs; néanmoins, il est permis, et il est en
même temps nécessaire de se livrer et au jeu et au
plaisir, comme au sommeil, comme au repos, alors que
les longues études, les travaux, les soucis des affaires,
nous ont fatigués. Il raconte ailleurs, dans son traité
de Oratore, que Lélius et Scipion, aussitôt qu'ils pouvaient s'arracher à la servitude de la vie de Rome, aux
agitations du forum, aux tourments de la politique,
aimaient à se rendre dans leurs villas de Gaëte et de
Laurente; là, ils oubliaient pour quelques instants
leur dignité; ils se plaisaient à se dépouiller de leurs
froides et lourdes grandeurs; se promenant au bord
de la mer, ils ramassaient des coquilles, les lançaient

(1) De Officiis.

sur la surface des flots, et redevenaient enfants : incre-
dibiliter repuerascere esse solitos, quum rus ex urbe,
tanquam à vinculis, evolavissent !

L'esprit, comme le corps, ne sait pas supporter un
exercice incessant; ses forces sont limitées, et il est bon
de lui accorder quelques loisirs. Aliquod dandum vo-
luptati, c'est la maxime du sage; il n'est possible qu'à
certains hommes supérieurs et privilégiés de s'affranchir de la loi commune, pour ne songer exclusivement
qu'aux choses sérieuses, sans s'arrêter et sans se fa-
tiguer.

C'est ce besoin de distraction et de repos qui légitime les jeux d'adresse corporelle ou intellectuelle.
D'ingénieuses inventions ont perfectionné les moyens
de jouer, c'est-à-dire de se distraire et de se reposer.
Toutes, en principe, sont licites; toutes ont un but
utile et respectable.

Malheureusement, à côté de l'usage honnête et salutaire, se placent presque toujours les excès nuisibles.
Or, il faut reconnaître que l'excès est très facile, si ce
n'est inévitable, dans le jeu de hasard. La pente est
glissante et rapide. Lorsque l'âme est faible, elle se
laisse promptement entraîner par les mille séductions
qui la sollicitent. L'écueil est bien dangereux et il en-
gloutit de nombreuses victimes. C'est pourquoi le jeu,
bien que rationnel et moral en lui-même, engendrant
le plus souvent des conséquences désastreuses pour
l'ordre public et les bonnes mœurs, mérite la réprobation dont le législateur l'a frappé et les dispositions sévères qu'il a portées contre lui.

NOTIONS HISTORIQUES.

Nous avons montré, ailleurs (1), combien était puissante, à Rome, la passion du jeu, et de quelle sévère proscription elle fut l'objet. Si nous en croyons Tacite, les Germains étaient encore plus passionnés que les Romains pour les jeux de hasard. Suivant lui, ils ne se contentaient pas de jouer leurs biens, leurs armes, leurs bestiaux, leurs trésors; ils exposaient aussi, sur un coup de dé, jusqu'à leur liberté, jusqu'à leurs propres personnes, le perdant consentant à devenir l'esclave du gagnant, tant leur frénésie était aveugle et poussée jusqu'aux dernières limites de l'exagération. Il n'est donc pas étonnant que nos pères, les Gaulois et les Francs, issus à la fois des Romains et des Germains, tenant des uns et des autres, leur nature se composant du double élément des races du Nord mêlées à celles du midi de l'Europe, aient hérité du même vice et soient restés longtemps possédés de la même folie. C'est pourquoi nous voyons que de nombreuses mesures furent promptement ordonnées pour tenter de mettre un frein à l'effervescence générale qui menaçait d'entraver l'établissement de la société moderne. Aussitôt que la nation commença à se constituer régulièrement et sur des bases solides, sinon définitives, le législateur s'est préoccupé du mal qui grandissait chaque jour et qu'il importait de combattre. Il faut donc remonter très loin, dans notre ancien Droit, pour rencontrer la première

(1) Voir page 3 et suivantes.

loi répressive que nécessitèrent la morale et l'intérêt public.

Le Concile de Mayence, en 813, défendit les jeux de hasard, tant aux laïques qu'aux ecclésiastiques. Cette prohibition est rapportée et confirmée dans les Capitulaires de Charlemagne.

En 1254, une ordonnance de saint Louis prohibe également les jeux de hasard et spécialement les jeux de dés.

Pothier rapporte que sous Philippe-le-Bel, en 1319, et sous Charles V, en 1369, les jeux de dés, de tables ou trictracs, de quilles, de billes, de boules, et généralement tous les jeux, à l'exception de ceux qui sont propres à exercer au fait des armes, furent rigoureusement interdits. Les contrevenants encouraient une amende de quarante sous (1).

En 1485, une ordonnance de Charles VIII, relative à la police des prisons du Châtelet de Paris, établissait une distinction assez curieuse à signaler entre les prisonniers, sous le rapport de leur qualité et du motif de leur détention. Les détenus pour causes graves, qu'ils fussent nobles ou vilains, ne pouvaient se livrer à aucun jeu, et surtout à celui des dés; les détenus pour causes légères et civiles, quand ils étaient nobles, jouissaient d'une faveur exceptionnelle. Il leur était permis de jouer au trictrac et aux échecs.

Nous trouvons aussi, dans l'ordre chronologique des décisions royales, des lettres patentes de Fran-

_____

(1) Cette somme représente 100 francs environ de notre monnaie.

çois Iᵉ, qui devancent l'art. 1966 du Code Napoléon,
en accordant aux joueurs de paume le droit de réclamer et d'exiger le paiement des dettes contractées à
l'occasion de ce jeu.

Le règne de Charles IX contient deux dispositions
législatives sur la matière que nous traitons. L'ordonnance de janvier 1560, datée d'Orléans, prononce contre les joueurs de quilles et de dés des peines qu'elle
qualifie d'extraordinaires; l'ordonnance de 1566, datée
de Moulins, sans approuver, dit l'art. 59, les jeux entre majeurs, donne une action aux mineurs pour la répétition des sommes qu'ils ont payées pour dettes de
jeu.

Sous Henri IV, le jeu prit des proportions immenses.
Il cessa d'être inquiété. Le maréchal Biron perdit en
une seule année 500,000 écus, c'est-à-dire quatre ou
cinq millions de nos jours. Bassompierre gagnait d'un
autre côté des sommes considérables. C'était la suite de
la vie des camps. Le roi lui-même, au Louvre et à
Fontainebleau, ne pouvait se défaire des habitudes qui
avaient égayé sa jeunesse, au temps de ses aventures.
Le sage Sully était désespéré et se hasardait quelquefois à lui faire des remontrances malheureusement inu-
tiles; car il fallait toujours payer pour sauver l'honneur
du prince, qui promettait de se corriger et retombait
bientôt dans les mêmes fautes. Son exemple entraînait
de nombreux imitateurs. De la Cour, la contagion
s'était répandue dans la ville : nobles, bourgeois, soldats, artisans, tous jouaient avec fureur, et de honteux
scandales en résultèrent.

Louis XIII chercha à réprimer la licence universelle.
Il traqua les joueurs et les contint par la crainte de
châtiments qui n'ont jamais été aussi forts. Le 30
mai 1611, il rendit une ordonnance dont les principales dispositions méritent d'être connues.

Déplorant les excès du jeu et exposant (1) que plusieurs de ses officiers et sujets de différentes qualités,
après avoir dissipé, aux cartes ou aux dés, ce que l'industrie de leurs pères leur avait honorablement acquis
avec un long travail, ont été contraints d'emprunter de
grandes sommes de deniers ; *puis icelles encore perdues
et consommées*, ont fait banqueroute à leurs créanciers
et ruiné de nombreuses familles ; il déclare que désormais seront proscrites toutes maisons de jeux ; les propriétaires de ces maisons ou les locataires, selon les
circonstances, s'il est prouvé qu'ils soient seuls coupables d'y avoir introduit des joueurs, seront passibles :
1° d'une amende ; 2° d'une autre punition, s'il y échet ;
3° d'une responsabilité personnelle, en leur propre et
privé nom, à l'égard de la perte des deniers et de leur
restitution. Les joueurs seront saisis ; les juges confis-
queront les enjeux, pour les distribuer aux pauvres.

Il est probable que les effets de cette ordonnance ne
furent pas satisfaisants ; car il en parut une seconde
qui aggrava encore les peines prononcées par la précédente. L'ordonnance de janvier 1629 se montre, en
effet, beaucoup plus sévère. Elle frappait impitoyablement et les joueurs et les banquiers tenant maisons de

(1) Paroles du préambule de l'ordonnance.

jeux. Elle réputait infâme, intestable et incapable
d'exercer jamais un office royal, quiconque serait convaincu d'être allé trois fois dans une maison de jeu.
Les individus tenant ces maisons étaient frappés de
bannissement; lesdites maisons étaient, en outre, confisquées, si l'on y avait joué pendant six mois. Quant
aux dettes et promesses résultant du jeu, elles étaient
toutes annulées, en même temps que les différentes
transactions qui pouvaient intervenir, afin de déguiser
leur caractère, telles que les ventes d'immeubles, les
échanges, les transports; défense expresse fut enjointe
à toute personne de prêter aux joueurs de l'argent, des
pierreries, des meubles destinés à servir au jeu; défense, enfin, de se porter caution. Les coupables s'exposaient, indépendamment de la nullité des obligations qui n'avaient pu prendre naissance à leur profit,
à la confiscation de leurs biens et même à l'emprisonnement, comme séducteurs et corrupteurs de la jeunesse. Ce n'est pas tout. L'ordonnance de 1629 châtiait
les gagnants avec une rigueur plus violente même que
celle de la législation romaine. Nous savons que les textes du Digeste imposent au joueur heureux la restitution
de ce qui lui a été payé. Louis XIII décida que, non-
seulement les gagnants seraient contraints d'opérer une
semblable restitution au profit des pauvres des Hôtels-
Dieu, mais aussi que ceux en faveur de qui des obligations auraient été contractées, seraient condamnés à
verser entre les mains des juges les sommes qui leur
seraient dues, bien qu'ils n'eussent jamais la possibilité
de se les faire rembourser. Voilà une disposition exor-

bitante qu'il nous a paru important de noter. Ajou-
tons que l'action en répétition était accordée aux père,
mère, aïeux et tuteurs ; ils avaient le droit de prouver
la cause de la dette par tous moyens, qu'elle s'élevât
ou non au-delà de 100 livres ; ils étaient admis, enfin,
à réclamer des dommages-intérêts !

Il serait trop long de développer la substance des arrêts du Parlement de Paris, qui suivirent l'ordonnance
de 1629, promptement tombée en désuétude et inap-
pliquée sous Mazarin, Louis XIV, le Régent et Louis XV.
Le Parlement protestait en vain contre la passion do-
minante qui s'était de nouveau emparée de tous les esprits et exerçait principalement son empire à Versailles.
Les grands seigneurs demeuraient à l'abri des poursuites légales ; les bourgeois avaient seuls à redouter une
législation dont on ne faisait, d'ailleurs, qu'un usage
bien rare.

Mazarin nourrissait et exaltait chez les courtisans la
fièvre du jeu. Au retour du voyage de la Bidassoa, sur
les barques qui descendaient le cours de la Garonne,
son élève, le jeune roi, que l'on venait de marier,
commence à prendre le goût pernicieux qui ne devait
plus le quitter ; il emploie toutes ses journées à jouer ;
et un certain abbé de Garde perd devant lui, en une
heure, 50,000 écus. Le surintendant des finances, Fou-
quet, imitait le premier ministre, mais en y apportant
le cachet de grandeur et de munificence, de luxe et de
générosité qui lui était particulier. Les Mémoires du
temps nous racontent qu'à la fête de Vaux, la veille de
sa ruine qui fit tant de bruit, il donnait à chacun de

ses invités une bourse pleine d'or, voulant que le jeu les amusât tous et n'affligeât personne. Quant au cardinal (1), ne connaît-on pas le tableau de Paul Delaroche, qui l'a représenté sur son lit de mort? Ne pouvant plus jouer lui-même, il fait jouer pour lui et s'intéresse encore au résultat de la partie, jusqu'à son dernier soupir.

Durant tout le règne de Louis XIV, le jeu fut en faveur à la Cour. La plupart des grands seigneurs vinrent s'y ruiner au profit de quelques intrigants, comme Dangeau et Langlée, les deux favoris du maître qu'ils aidaient dans ses desseins de détruire les forces de la noblesse, en la jetant dans mille extravagances fastueuses qui dissipaient rapidement les plus importants patrimoines (2). Il existe, à ce sujet, certains chapitres de Saint-Simon, et plusieurs lettres de Mme de Sévigné, dont nous aurions aimé à rendre compte; mais de pareils récits appartiennent à la chronique ou à la littérature : ils ne sauraient trouver place dans une dissertation juridique (3).

---

(1) Il croyait que, tous les joueurs ayant la réputation de tromper, il ne lui était pas défendu de faire comme les autres, ce qu'il appelait d'un ton plus doux , *prendre ses avantages*. (Mémoires inédits de Brienne.)

(2) Dangeau et Langlée tenaient la partie du roi et des reines ; tous deux s'y firent une incroyable fortune.

(3) Madame de Sévigné rapporte un mot cruel que le comte de Grammont adressa à Langlée, un jour que celui-ci s'était permis, à son égard, quelques manières un peu libres, au milieu d'une partie de brelan : M. de Langlée, gardez ces familiarités-là pour quand vous jouerez avec le roi

Un autre mot circulait sur le compte de Dangeau, dont la posi-

Sous Louis XVI, la licence générale eut un terme ; la morale reprit ses droits, et une déclaration du 1er mars 1781, enregistrée le lendemain par le Parlement de Paris, établit les peines suivantes contre le jeu : les banquiers seront condamnés en 3,000 livres d'amende, les joueurs en 1,000 livres chacun. En cas de récidive, l'amende sera du double ; dans tous les cas, elle est payable par corps. Les propriétaires des maisons de jeux se rendaient aussi passibles d'une amende très forte, qui était fixée à 10,000 livres. Enfin, les contrats, obligations, promesses, billets, ventes, cessions et tous autres actes provenant d'une dette de jeu, étaient nuls et de nul effet, soit qu'ils fussent intervenus entre des majeurs ou des mineurs.

Le décret des 19-22 juillet 1791, relatif à l'organisation de la police municipale et correctionnelle, contient sur les maisons de jeux de hasard des dispositions très sévères ; mais il n'atteint que les banquiers, les propriétaires et les locataires, sans réprimer les joueurs, qui sont affranchis de toute pénalité.

Vient ensuite le Code Napoléon. Nous verrons comment il a traité les joueurs, et ce que nous en dirons bientôt nous dispense d'en parler maintenant.

Le Code Pénal s'est occupé du jeu dans les trois articles 410, 475, 5°, et 477, 1°.

Art. 410. — Ceux qui auront tenu une maison de

tion brillante excitait l'envie de plusieurs : Si la paix dure dix ans, il sera maréchal de France !

Il y aurait mille anecdotes piquantes à raconter sur la passion du grand siècle pour les jeux de hasard. Les bornes de ce travail nous obligent à y renoncer.

jeux de hasard et y auront admis le public, soit librement, soit sur la présentation des intéressés ou affiliés,
les banquiers de cette maison, tous ceux qui auront
établi ou tenu des loteries non autorisées par la loi,
tous administrateurs, préposés ou agents de ces établissements, seront punis d'un emprisonnement de deux
mois au moins et de six mois au plus, et d'une amende
de 100 fr. à 6,000 fr. — Les coupables pourront être,
de plus, à compter du jour où ils auront subi leur peine,
interdits, pendant cinq ans au moins et dix ans au plus,
des droits mentionnés dans l'art. 42 du présent Code.
— Dans tous les cas, seront confisqués tous les fonds
ou effets qui seront trouvés exposés au jeu ou mis à la
loterie, les meubles, instruments, ustensiles, appareils
employés ou destinés au service des jeux ou des loteries, les meubles ou les effets mobiliers dont les lieux
seront garnis ou décorés.

Art. 475, 5°. — Ceux qui auront établi ou tenu dans
les rues, chemins, places ou lieux publics, des jeux de
loterie ou d'autres jeux de hasard, seront punis d'une
amende, depuis 6 fr. jusqu'à 10 fr. inclusivement.

Art. 477, 1°. — Seront saisis et confisqués les tables, instruments, appareils des jeux ou des loteries
établies dans les rues, chemins et voies publiques,
ainsi que les enjeux, les fonds, denrées ou lots propo-
sés aux joueurs, dans les cas de l'art. 475.

On sait qu'une ordonnance du 5 août 1818 avait
concédé à la ville de Paris le privilége de l'exploitation
des jeux, qui rapportaient annuellement au Trésor une
somme de 5,500,000 fr. Mais la loi de 1836 a prohibé

les jeux publics, en leur imposant un délai suprême jusqu'au 1er janvier 1838. Ils étaient établis dans les galeries du Palais-Royal; depuis 1838, ils ont été partout supprimés et relégués en Allemagne.

Il en est de même d'une institution qui fut longtemps patronée par le gouvernement; les loteries, telles qu'elles existaient autrefois, ont disparu après avoir produit bien des scandales qui n'ont que trop duré.

Les maisons de jeux du Palais-Royal et les bureaux de loteries furent, pendant de nombreuses années, l'occasion d'aventures singulières, de débauches et de vices honteux, de sinistres éclatants, de fortunes rapides et prodigieuses. On avait voulu, en quelque sorte, centraliser le vice, afin de détruire les abus des maisons clandestines; le remède était plus grave que le mal, et on a fini heureusement par chasser du territoire de la France ces déplorables industries.

NOTIONS JURIDIQUES.

Le Code Napoléon ne contient sur le jeu et le pari que trois articles, qui sont ainsi conçus :

Art. 1965. — La loi n'accorde aucune action pour une dette de jeu ou pour le paiement d'un pari.

Art. 1966. — Les jeux propres à exercer au fait des armes, les courses à pied ou à cheval, les courses de chariot, le jeu de paume et autres jeux de même nature qui tiennent à l'adresse et à l'exercice du corps, sont exceptés de la disposition précédente. Néanmoins, le tribunal peut rejeter la demande, quand la somme lui paraît excessive.

Art. 1967. — Dans aucun cas, le perdant ne peut répéter ce qu'il a volontairement payé, à moins qu'il n'y ait eu, de la part du gagnant, dol, supercherie ou escroquerie.

Ces trois articles font partie du titre intitulé des Contrats aléatoires, dont l'Exposé des motifs a été présenté par M. le conseiller d'État Portalis, dans la séance du 14 vendémiaire an XII. Le rapport au Tribunat est de M. Siméon; il est daté du 17 ventôse. M. Duveyrier fut chargé de soutenir le vœu du Tribunat devant le Corps législatif.

Les travaux préparatoires du Code sont toujours précieux à consulter. Voici d'abord les principaux passages que nous relevons dans l'Exposé des motifs :

« Que font, dit M. Portalis, deux joueurs qui traitent ensemble? Ils se promettent respectivement une somme déterminée, dont ils laissent la disposition à l'aveugle arbitrage du hasard. Où est donc la cause de l'engagement? On n'en voit aucune. — Le désir et l'espoir du gain sont pour chaque partie les seuls mobiles du contrat. Ce désir et cet espoir ne s'attaquent à aucune action; ils ne supposent aucune réciprocité de service : chaque joueur n'espère que sur sa fortune et ne se repose que sur le malheur d'autrui. A la différence des contrats ordinaires qui rapprochent les hommes, les promesses contractées au jeu les divisent et les isolent. — On ne peut être heureux au jeu que de l'infortune des autres : tout sentiment naturel entre joueurs est étouffé, tout lien social est rompu. Un joueur forme le vœu inhumain et impie de prospérer aux dépens de ses semblables; il est réduit à maudire le bien qui leur arrive et à ne se complaire que dans leur ruine. »

Voulant expliquer le sens absolu de l'article 1965, M. Portalis ajoute que le jeu, alors même qu'il n'est qu'un simple délassement n'ayant rien d'odieux ni d'illicite, ne saurait être du ressort des lois, auxquels il échappe par son objet et par son peu d'importance.

Plus loin, il parle des jeux d'adresse : « Ces sortes de jeux sont utiles : on les a peut-être trop négligés dans les temps modernes. »

L'Exposé des motifs ne fait mention que des jeux d'adresse et d'exercice corporels. Les articles du Code Napoléon gardent un silence complet sur les jeux d'habileté intellectuelle. Cependant le tribun Siméon s'exprime en ces termes, après avoir énoncé qu'on avait dû admettre de raisonnables exceptions à l'égard des jeux qui ne sont pas fondés sur le pur hasard : Les jeux d'exercice, auxquels se mêlent des calculs et des combinaisons, sont *utiles*. (Ce mot est emprunté à M. Portalis.)—Les uns servent à développer les forces physiques, les autres à développer les forces intellectuelles; ils offrent un délassement avantageux et quelquefois nécessaire.....

Nous aurons à revenir sur ce passage qui a été diversement interprété et suivi ou repoussé par les jurisconsultes.

C'est aussi le tribun Siméon qui a écrit que, malgré

le refus d'action de l'art. 1965 pour le paiement d'une dette de jeu de hasard, ou d'une dette trop considérable résultant d'un jeu licite, si le joueur, plus sévère à lui-même que la loi, s'est tenu pour obligé; si, fidèle à sa passion et délicat dans son égarement, il a acquitté ce qu'il avait témérairement engagé, il ne sera pas reçu à répéter ce qu'il a payé. Plus sévère à lui-même que la loi, fidèle à sa passion et délicat dans son égarement; nous devons noter d'avance ces expressions, qui pourront nous servir à résoudre plusieurs difficultés relatives à la détermination du caractère de l'acquittement d'une dette de jeu.

Dans le discours prononcé au Corps Législatif par le tribun Duveyrier, nous trouvons ainsi rapporté, en un style peut-être trop déclamatoire, le but et l'esprit de l'art. 1966 :

« Les jeux olympiques nous retracent la Grèce entière assemblée, célébrant ses triomphes en s'exerçant aux actions de force et de courage qui protégeaient sa liberté. Ces solennités, ces pompeuses cérémonies, ces acclamations d'un peuple immense, ces fleurs jetées à flots sur les vainqueurs, ces statues qui les consacraient à l'immortalité, ces couronnes si précieuses que le plus léger reproche effaçait le droit d'y concourir, que le plus orgueilleux monarque les disputait avec plus d'ardeur qu'une victoire, que les pères mouraient de joie les contemplant sur le front de leurs fils ; ces nobles jeux n'avaient que des efforts sublimes, des prix glorieux, et leur histoire ne nous transmet à nous-mêmes que des pensées de vertu et d'héroïsme. —

Ces souvenirs, mêlés à ceux de nos anciens tournois,
de nos joûtes chevaleresques, et des sentiments de ma-
gnanimité, de gloire, d'amour, qui étaient leur règle,
leur motif et leur prix; ces souvenirs répandent encore
aujourd'hui une faveur d'estime et d'approbation sur
tous ces exercices qui n'en sont qu'une faible image ou
une production dégénérée, sur les courses de chevaux
ou de char, les assauts d'armes, la paume, le mail, la
bague, tous ces jeux, enfin, dans lesquels la force, l'a-
dresse ou la légèreté peuvent seules disputer l'avantage. »

Comme le tribun Siméon, M. Duveyrier s'est occupé
des jeux d'adresse intellectuelle. Suivant lui, bien que
la loi n'en parle pas, il faut les comprendre dans l'exception de l'art. 1966, parce qu'ils sont dignes d'être
autorisés; car ils exercent, au moyen de combinaisons
ingénieuses, la sagacité, la méditation, la présence
d'esprit et toutes les facultés de l'intelligence. De même
encore que le tribun Siméon, il fonde le principe de
l'art. 1967 sur un motif d'équité naturelle : « Ce qu'un
homme a perdu au jeu et payé, il aurait pu le perdre
dans toute autre opération inconsidérée; il aurait pu
le donner. — D'ailleurs, n'a-t-il pas obéi à sa conscience qu'il serait bien difficile de contredire? à une
certaine délicatesse qu'on ne pourrait guère condamner? à l'équité naturelle qui toujours impose une exacte
réciprocité? — Équité naturelle, nous devons insister
sur ce mot qui nous servira plus tard. — Ce qu'il a
perdu ne voulait-il pas le gagner? Ce qu'il a payé n'avait-
il pas l'intention de l'exiger? S'il l'eût reçu, aurait-il

en la volonté, aurait-il admis l'obligation de le restituer? — Comment donc réformer ce jugement volontaire et juste, puisque le résultat en est de s'être imposé lui-même le traitement qu'il voulait faire subir?»

Les travaux préparatoires du Code nous apprennent
donc que le jeu a été envisagé sous plusieurs rapports
différents, et nous devions en extraire la substance,
parce qu'ils contiennent le meilleur commentaire des
trois articles que nous allons maintenant examiner
avec plus de précision.

Le principe général, qui domine toute la matière,
nous est donné par l'art. 1965 : c'est que la loi ne reconnaît ni le jeu, ni le pari; elle ne leur accorde aucune action en justice. La loi, en effet, ne pouvait pas
sanctionner des conventions qui sont immorales dans
leurs conséquences, lorsqu'elles sortent des limites
d'une récréation modérée, et que la cause qui déter-
mine chacune des parties, se fonde sur l'espoir de
s'enrichir aux dépens de la fortune d'autrui. Que si
pourtant le jeu n'intervient qu'à titre de simple délassement, quoiqu'il cesse d'être immoral, il n'en
échappe pas moins à la sanction du législateur, à cause
de son peu d'importance et du faible intérêt qu'a la
société à l'exécution d'un semblable contrat. Le législateur, en outre, n'a pas voulu qu'un délassement dé-
générât en acte de commerce; car il serait dangereux
et à la fois impolitique de permettre que l'objet d'un
amusement devînt la source d'un procès.

Mais si les jeux de hasard sont complètement proscrits, l'art. 1966 a reproduit la distinction que suivaient

le Droit Romain et notre ancienne législation ; il a excepté spécialement de l'interdiction absolue qui frappe
les autres jeux, les exercices physiques dont les résultats sont dignes d'encouragement. Il est bien vrai,
ainsi que l'énonce M. Portalis, que les jeux d'exercices sont utiles : ils développent les forces ; ils augmentent le bien-être du corps ; ils préparent de bons soldats (1), des agriculteurs vigoureux, des marins
adroits et intrépides ; il est bien vrai aussi qu'ils sont
peut-être trop négligés dans nos sociétés modernes. Ils
sont utiles et ils n'ont rien d'immoral. Enfin ils ne sont
pas dangereux (2), parce qu'ayant un attrait qui leur est
propre, il n'est pas nécessaire de leur en créer un dans
un prix excessif. C'est pourquoi ces jeux n'ont été eux-
mêmes autorisés qu'à la condition d'être purgés de tout
calcul de lucre exagéré, de toute spéculation exorbi-
tante (3), qui ternirait la pureté de leurs motifs et la
générosité de leurs efforts.

Le soin est donc laissé à la souveraine sagesse des
magistrats de recevoir ou de rejeter la demande ,
toutes les fois qu'elle leur paraît avoir dépassé le vœu
de l'art. 1966. On conçoit sans doute que les joueurs
aient besoin le plus souvent de soutenir entre eux l'é-
mulation et l'intérêt par la stipulation d'un prix qui
sera décerné au plus adroit ou au plus fort ; on comprend qu'il soit indispensable quelquefois d'exciter les
lutteurs par l'espoir d'une récompense, surtout à notre

(1) M. Troplong, no 48.
(2) Le tribun Siméon.
(3) Duveyrier.

époque, où les couronnes de chêne, dont parle le tribun Duveyrier, ne sont plus estimées autant que chez les Grecs; mais si le prix est immodéré, le juge verra alors que l'espérance du gain a été le but principal, sinon unique, des parties. Leur jeu aura donc été immoral. Immoral, il est devenu illicite; il s'est rapproché d'un acte de commerce. Par conséquent, l'exception créée en sa faveur n'a plus de raison d'être. On rentre dans la règle de l'art. 1965.

Une autre conséquence ressort implicitement du second paragraphe de l'art. 1966. Lorsque le prix est immodéré, le juge n'a pas le droit d'accueillir la demande, sauf à la réduire au taux rationnel. Il lui est imposé de l'accueillir ou de la repousser pour le tout.

Il résulte aussi des termes de l'art. 1966 que l'énumération des jeux autorisés n'est pas limitative. Tous les jeux qui tiennent à l'adresse, à l'exercice, à l'agilité, au développement des forces du corps, sont permis. Cette remarque est au reste surabondante, en face du membre de phrase, *et autres jeux de même nature*, qui vient après l'énumération. Ainsi, aux jeux des armes, aux courses à pied et à cheval, aux courses de chariot, au jeu de paume, on peut joindre, par exemple, la natation, les joûtes sur l'eau, etc...

Que faut-il penser du jeu de billard? Est-il compris dans la classe des jeux d'exercices corporels? Nous croyons qu'il ne faut pas le réputer jeu d'adresse dans le sens de l'art. 1966 (1). On affirme que le billard ne

(1) Avis conforme : Poitiers, 4 mai 1810 ; Montpellier 4 juillet 1823 ; Angers, 13 août 1831 ; Grenoble, 6 décembre 1823 ; Duranton,

donne rien au hasard, qu'il exige un coup d'œil juste, une main sûre, de savantes combinaisons. Suivant les partisans de l'opinion contraire à la nôtre, il exerce le corps qu'il oblige à se former en mille positions diverses. Il ne diffère en rien de la paume, que par le plus ou le moins de mouvement. Or, le Code autorise la paume. Le billard doit donc lui être assimilé ; et par conséquent il rentre sous la protection de l'art 1966. Mais un arrêt de la Cour de Montpellier, en date du 4 juillet 1828, fait justice de cette prétention : si ingénieuses et savantes que soient les combinaisons du jeu de billard, elles ne rapportent aucun fruit à l'intérêt public. Or, c'est dans un but d'intérêt public qu'ont été créées les exceptions du Code. La Cour d'Angers, s'appropriant les motifs du tribunal du Mans, développe mieux encore la réponse faite par la Cour de Montpellier : Attendu que la loi envisage le jeu comme un amusement trop inoffensif pour en anéantir les résultats, mais aussi trop frivole pour en faire résulter un droit de poursuite...; attendu que le jeu de billard n'est pas expressément ni implicitement renfermé dans les exceptions de l'art. 1966.....; attendu que de l'adresse et de l'exercice d'un joueur de billard on ne voit pas qu'il doive naître un soldat vigoureux, ou tout autre homme utile à la société..... Il est vrai, sans doute, que nulle part les rédacteurs du Code n'ont formulé nettement la pensée que les jeux de l'article pré-

t. xviii, n° 110 ; Troplong, n° 57 ; Zachariæ, t. iii, § 6, n° 5 ; Rolland de Villargues, Rép. du Notariat, jeu, n° 12.

Avis contraire : Chardon, t. iii, n° 558 ; Dalloz, jeu, n° 14.

cité sont destinés à former des soldats vigoureux, des
agriculteurs robustes, des marins agiles; cependant,
lorsque nous rapportions plus haut les paroles du tribun,
Duveyrier sur les jeux olympiques, il est impossible
de ne pas y voir, au moins en germe, la consécration
du système des magistrats de la Cour d'Angers.

M. Dalloz, dans son Répertoire, au mot jeu, s'élève
hautement contre le résultat que nous acceptons comme
découlant de la théorie introduite par le législateur sur
les jeux qui ont trait au développement des forces cor.
porelles, et il place la question sur un autre terrain que
nous allons aborder avec lui, non pas seulement pour
le jeu de billard, mais aussi pour certains autres jeux,
comme les échecs, les dames, le whist, le piquet.

Nous avons annoncé, en citant le passage du rapport de M. Siméon, qui semble vouloir donner une
sanction légale aux jeux d'adresse intellectuelle, de
combinaisons savantes et propres à développer les forces de l'esprit, de même que les jeux d'adresse corporelle développent les forces physiques, que les inter-
prètes du Code se divisent sur la portée qu'il est
possible d'attribuer à ces paroles. Nous avons fait connaître également que M. Duveyrier s'est montré encore
plus affirmatif, quand il déclare que les jeux savants
sont autorisés en vertu de l'art. 1966, malgré le silence
absolu de la loi. On en a généralement conclu (1) que,
par exemple, les échecs (2), jeu inoffensif et qui

(1) M. Troplong, no 50.
(2) Inventés, dit-on, par Palamède, au siège de Troie.

exerce utilement l'esprit (Thomas Actius l'appelle meri ingenii exercitatio honesta, omnibus permissa, horis congruis et tempore debito), le piquet, que la Cour de Cassation s'est refusé à réputer jeu de hasard par deux arrêts en date du 4 août 1836 et du 28 mai 1841, jouissent de la faveur des jeux énumérés par l'article précité et peuvent devenir l'objet d'une action en justice.

Nous estimons, quant à nous, qu'il est bien difficile d'admetre un pareil résultat; nous préférons nous en tenir au silence de la loi, qui est trop formel pour qu'il soit permis d'aller contre lui. Que signifierait donc une aussi singulière réticence, si l'on était autorisé à étendre indéfiniment le cercle des exceptions? Nous voyons l'art. 1965 proclamer qu'aucune action ne pourra jamais naître du jeu. L'article suivant pose une limite à la règle, mais une limite très étroite que nous ne saurions nous résoudre à franchir. Lorsqu'on invoque d'ailleurs l'autorité de la Cour de Cassation, il est nécessaire de s'entendre; car elle n'a jamais accordé aux joueurs de piquet la faculté de poursuivre devant les tribunaux le paiement des sommes par eux gagnées. Non; telle n'est pas son opinion; sa doctrine est toute différente: Il s'agissait de savoir si deux cabaretiers, qui avaient laissé jouer le piquet dans leurs cafés et fourni des cartes pour ce jeu, étaient passibles de peines correctionnelles; elle décide que le piquet n'étant pas un jeu de pur hasard, c'est-à-dire un jeu entièrement immoral, les art. 410 et 475 du Code Pénal sont inapplicables dans la double espèce qui lui est soumise.

Tel est aussi notre avis. Nous ne déclarons pas immoraux les jeux d'échecs, de dames, de whist, de billard,
quand ils n'excèdent pas les convenances et que les
parties n'y cherchent pas l'occasion d'un lucre illicite ;
mais nous ne voulons pas que les parties portent en justice leurs contestations, parce qu'un amusement frivole est impuissant à procurer un droit de poursuite et
à engendrer un acte de commerce.

C'est pourquoi nous repoussons le système de M. Dalloz, bien que le jeu de billard lui semble préférable à
tous les autres jeux, en exigeant de la part des joueurs
un utile mélange d'exercice du corps et d'activité de
l'esprit, bien que la nature de ses moyens, de ses calculs, de ses règles, puisse exclure toute probabilité de
fraude, bien que, dit-il, enfin, ses nombreuses qualités
le recommandent d'une manière spéciale à l'indulgence des magistrats.

Une controverse semblable à la précédente s'est engagée à propos de l'écarté ; mais la jurisprudence a condamné ce jeu dans plusieurs arrêts (1), en le réputant
jeu de pur hasard.

La Cour de Cassation, le 4 août 1836, n'avait pas
d'abord reconnu à l'écarté le caractère d'un jeu de hasard ; mais elle est revenue, le 3 juillet 1852, sur sa
décision. — Un arrêté du ministre de l'intérieur a interdit l'écarté dans tous les cercles.

Il certain, cependant, que ce jeu n'est pas entièrement subordonné au hasard et que l'habileté y tient

(1) Rennes, 30 mai 1839, et 2 septembre de la même année ; Paris,
3 novembre 1839 ; Nîmes, 16 février 1843 ; Paris, 10 mai 1844.

7

une large place ; mais il est certain aussi que la chance, si elle ne domine pas toujours, exerce sur l'issue de la partie, malgré l'adresse et les calculs des joueurs, une influence considérable. C'est là un des jeux que nous avons appelé mixtes, lorsque nous avons établi notre classification, et la jurisprudence n'a pas obéi aux règles d'une précision mathématique qui est re-commandée par quelques auteurs, en négligeant de s'occuper du double élément dont il est composé.

Qui oserait pourtant l'en blâmer? Le jeu n'est-il pas le plus souvent immoral? N'y expose-t-on pas des sommes excessives sur un évènement incertain, sur un calcul très douteux, sur une pratique dangereuse aussi bien à l'honneur qu'au repos des familles, et ne produisant, en outre, aucun profit à la société.

CONDITIONS A OBSERVER DANS LE JEU.

Pothier réclamait dans le jeu le concours de quatre conditions primordiales, pour qu'il ne s'écartât point des règles de la justice. Nous les formulerons comme lui, sauf quelques divergences qui n'ont trait qu'à des points accessoires.

Pour que le jeu engendre des effets équitables, si-non pleinement légaux, il est indispensable : 1° que chacun des joueurs ait le droit de disposer de la som-me qu'il aventure; 2° qu'il ait la volonté de jouer et de risquer son argent; 3° qu'il y ait égalité parfaite dans la partie; 4° que tous les joueurs apportent au jeu la fidélité qui y est requise, d'après l'art. 1967, c'est-à-dire ne se livrent à aucun dol, à aucune supercherie ou escroquerie.

§ 1. *Droit de disposer de la somme aventurée; capacité d'aliénation.*

Il faut d'abord que chacun des joueurs ait la faculté d'aliéner la somme qu'il joue. Il en est de même, sans doute, dans toutes les conventions, où le principe de la capacité des parties est imposé, à peine de nullité; ainsi, les mineurs, les interdits, les femmes mariées, étant incapables de contracter, en règle générale, sont également impuissants à former une convention de jeu susceptible d'être validée. Personne ne le contestera. Néanmoins, l'Ordonnance de Moulins, en 1566, ainsi que nous l'avons remarqué plus haut (1), s'était cru obligée de consacrer, par un texte positif, l'incapacité des mineurs relativement au jeu. Elle leur accordait un privilége, en même temps qu'elle les frappait d'une déchéance; mais si l'on examine les choses dans leur réalité, il n'y a, à proprement parler, pour les mineurs, ni privilége exceptionnel, ni déchéance particulière. La déchéance que veut prononcer Charles IX, en leur refusant la possibilité de jouer et d'exposer sur un évènement aléatoire tout ou partie de leur fortune, résulte virtuellement de la déchéance qui les atteint à l'égard de tous les autres contrats, puisqu'ils ne jouissent

(1) Notions historiques, p. 77.

pas de la libre disposition de leurs biens. Le privilége qu'il veut leur conférer en leur attribuant le droit de répéter ce qu'ils ont follement perdu , résulte aussi du privilége général qui les protége contre tous leurs autres engagements qu'il leur est permis, soit de ne pas exécuter, quand ils sont contraires à leurs intérêts, soit d'anéantir au moyen d'une action en restitution in integrum, quand ils les ont exécutés.

Quant aux sommes modiques que le père laisse à son fils, le tuteur à son pupille, le mari à sa femme, à titre de menus plaisirs, elles peuvent être licitement perdues au jeu. Le pupille, le fils et la femme mariée en ont la libre disposition; il leur est évidemment permis de les dissiper à leur fantaisie; la protection de la loi n'est donc plus nécessaire.

Ainsi, malgré les termes de l'art. 1967, toutes les fois qu'un mineur, un interdit, une femme mariée, un individu pourvu d'un conseil judiciaire, aura perdu au jeu des sommes excessives, il y aura lieu à répétition; car cet article n'a pas effacé du Code l'art. 1124. Vis-à-vis de la femme sous puissance de mari, il en est de même, alors pourtant qu'elle aurait le maniement de l'argent de la communauté; car son mari, en l'autorisant à manier cet argent, ne l'autorise pas à le jouer et à le dissiper. La femme séparée de biens ne peut pas non plus perdre valablement des sommes un peu considérables, qu'elle en soit propriétaire ou non. La séparation de biens lui procure en effet l'avantage d'administrer seule sa fortune , mais non pas sans contrôle et sans autorisation. C'est pourquoi celui qui lui aurait gagné au jeu des valeurs importantes, serait obligé de les lui restituer.

Nous trouvons dans le journal *le Droit* (1), un jugement du Tribunal de la Seine, en date du 9 avril dernier, qui confirme notre démonstration, à propos d'une espèce remarquable qu'il n'est pas inutile de reproduire ici. Il s'agissait de jeux de Bourse. Nous aurons bientôt l'occasion de voir que ces jeux ont été assimilés, quant à leurs règles et à leurs effets, aux jeux ordinaires. Les juges ont décidé qu'ils ne rentrent pas dans la classe des actes de pure administration, les seuls qui soient permis à la femme séparée de biens.

En 1853, M. C., propriétaire à Alby (Tarn), vint à Paris, pour y suivre l'éducation de ses enfants. Bientôt une maladie grave et le soin de ses affaires l'ayant contraint à retourner dans son pays, il laissa à sa femme, séparée de biens d'avec lui, un capital de 120,000 fr. Mme C. se livra, sans prendre l'autorisation de son mari, à des opérations de Bourse, où furent englouties toutes les sommes qui lui appartenaient et qui lui avaient été remises. En 1857, M. C. réclama aux agents de change la restitution intégrale des valeurs perdues par sa femme. On fit droit, le 9 avril 1859, à ses conclusions; on accueillit sa prétention, à l'exception de quelques chefs qui furent écartés, et les agents de change furent condamnés à lui rembourser la presque totalité du capital de 120,000 francs dissipés en dehors de sa surveillance.

(1) N° du 15 avril.

Si le Tribunal de la Seine a admis la doctrine que nous énonçons, dans une espèce où il était question de jeux de Bourse, il est évident que sa décision eût été la même, dans une espèce où il aurait été question de jeux ordinaires ; car les art. 1965 et 1966 concernent toutes les espèces de jeux ou paris, de quelque nature qu'ils soient, quand il n'est pas possible de les faire rentrer sous l'application de l'art. 1966.

Nous devons nous prononcer, avant de passer au deuxième paragraphe, sur un point de droit que Pothier a résolu dans un sens qui pouvait être accepté sous l'empire de notre ancienne législation, mais qui cesse d'être vrai sous l'empire du Code Napoléon. Voici, en effet, l'hypothèse qui résulte nécessairement des principes dont nous venons de donner l'analyse. Primus, majeur et capable d'aliéner, a joué contre Secundus, mineur et incapable de disposer valablement de ses biens. Quelle sera la position de Primus à l'égard de Secundus? Si le droit de répétition existe au profit de celui-ci, existera-t-il également au profit de celui-là? En un mot, le contrat est-il entièrement nul de part et d'autre? Primus, qui a payé ce qu'il a perdu, sera-t-il fondé à réclamer son argent? Pothier l'affirme. Selon nous, au contraire, Primus ne sera pas écouté, parce que l'art. 1125 lui défend de revenir sur la convention qu'il a faite avec le mineur. Cet article est sa condamnation : il nous enseigne que les personnes capables de s'engager ne peuvent opposer l'incapacité du mineur, de l'interdit ou de la femme mariée, avec qui elles ont contracté. Donc l'art. 1967 subsiste à son

préjudice. S'il n'a pas payé, il sera libre sans doute de
ne pas remplir son engagement, parce que la loi ne
procure pas d'action au créancier d'une dette de jeu;
mais s'il a payé, les choses sont désormais consommées, et la loi lui interdit de détruire l'acte qu'il a
accompli.

§ 2. *Libre consentement des joueurs.*

Le consentement, ainsi que la capacité, est de l'es-
sence de tous les contrats; par conséquent, il est nécessaire dans le contrat qu'engendre le jeu. — Le consentement n'est valable qu'autant qu'il est libre, réfléchi,
exempt d'erreur, de violence ou de dol. Nous n'avons
pas besoin d'insister longuement sur ces notions qui
sont vulgaires. Néanmoins, nous nous demandons ce
qu'il faut penser du cas où l'un des joueurs, qui a perdu
son argent, était ivre. Nous supposons que son adversaire n'a employé aucune manœuvre frauduleuse. La
répétition sera-t-elle accordée? Les tribunaux consen-
tiront-ils à entendre sa plainte? Laisseront-ils parvenir
jusqu'à eux sa réclamation? La question est délicate,
en présence de l'art. 1965 qui ordonne au juge de repousser toute contestation d'un pareil genre, sans même
la laisser se produire aux débats. C'est ce qui apparaît
virtuellement de l'ensemble de la législation actuelle
sur le jeu. Nous croyons cependant que les magistrats
sont tenus, lorsque les circonstances sont telles qu'il y
aurait injustice flagrante à ne pas examiner l'affaire,
de recevoir les preuves qui leur sont présentées et

d'empêcher que l'une des parties s'enrichisse honteu-
sement aux dépens de l'autre.

Pothier va beaucoup plus loin que nous. Le parfait
consentement des joueurs étant nécessaire pour la validité du contrat que renferme le jeu, il s'ensuit, dit-il,
que le contrat est nul, si l'un des joueurs a contraint
moralement l'autre à jouer, et cela, non pas seulement
à l'égard de la première partie, mais encore à l'égard
de toutes les suivantes. Il ajoute que chacun des joueurs
doit avoir la liberté de se retirer quand bon lui semble, à moins que, dès le commencement du jeu, il n'ait
promis de livrer au perdant une revanche. Sans cela,
le contrat que renferme la revanche qu'il aurait été
contraint de donner, est aussi nul qu'une première partie qui lui aurait été imposée malgré lui.

Ce sont là des controverses trop peu sérieuses, dans
lesquelles nous ne voulons pas nous engager inutilement.

§ 3. *Egalité de risques.*

En théorie, l'égalité de risques et de chances doit
être complète chez tous les joueurs, pour que le jeu
soit réellement équitable; mais, en pratique, il est bien
difficile d'arriver à un résultat satisfaisant. Les com-
pensations ne sont toujours qu'imparfaites, excepté
dans les jeux de pur hasard, où le risque est nécessairement égal, parce que le premier joueur ne peut
avoir aucune supériorité sur le second et réciproquement. Dans les jeux mixtes, au contraire, et surtout
dans les jeux de pure adresse, il est rare que les deux

parties possèdent la même force ou la même habileté.
Il ne faut donc pas chercher une rigueur trop mathématique. Il suffit que la lutte ne soit pas disproportion-
née. Les joueurs ayant pour but de se procurer une distraction et d'exciter leur émulation par un prix, il n'est
pas besoin de peser, au point de vue d'un intérêt ja-
loux, un contrat qui n'est pas un acte de commerce.
C'est ce que décide M. Troplong, et nous ne pouvons
mieux faire que d'adopter son système, sans nous inquiéter des scrupules de Pothier et de Barbeyrac.

§ 4. *Fidélité, probité, absence de dol, de supercherie ou
d'escroquerie.*

C'est dans l'art. 1967 que se trouve énoncée la condition qui fait l'objet de notre quatrième paragraphe.
En général, le joueur qui s'est tenu pour obligé n'a pas
le droit de répéter ce qu'il a volontairement payé; la
loi n'a pas voulu contredire et annuler cet acte de conscience. Mais elle a établi en même temps une exception
équitable; elle a prévu les cas de fraude. Le joueur,
qui acquitte ses dettes de jeu, entend payer ce qu'il a
réellement perdu, ce qui lui a été loyalement gagné.
Lorsque son adversaire s'est servi de manœuvres coupables, pour le dépouiller de ce qu'il possède, il cesse
d'être lié. Le contrat est entaché d'une nullité absolue,
et l'exécution qui a eu lieu est rescindable.

Cette solution ressort du texte même de l'art. 1967.
Toutefois, le joueur infidèle sera-t-il condamné purement et simplement à la restitution des sommes par lui

touchées? Le joueur qu'il a abusé, indépendamment
du remboursement qui lui est concédé, sera-t-il fondé
à introduire en justice une action supplémentaire par
laquelle il réclamera des dommages-intérêts? Non. Pothier l'admet pourtant. Il déclare que, rationnellement,
le joueur infidèle doit être puni de deux manières : en
remboursant la somme qu'il a reçue, et en y ajoutant
une somme égale qui est la représentation de son propre enjeu; car les dommages-intérêts comprennent
deux éléments dont l'appréciation est indispensable,
suivant la définition des jurisconsultes romains : quantùm mihi abest et quantùm lucrari potui (1). Les dommages-intérêts sont ici exigés avec raison, parce que la
mauvaise foi de l'une des parties a d'abord frappé l'autre d'une perte et l'a ensuite privée d'un gain. Eh
bien, le gain dont elle a été privée s'évalue précisément au chiffre de la perte.

Nous repoussons ce raisonnement, qui nous semble
contraire à l'esprit et au vœu de la loi. Accorder des
dommages-intérêts, c'est aller au-delà de l'art. 1967;
c'est favoriser l'un des joueurs, c'est en quelque sorte
encourager le jeu et lui faire produire un effet. Or, le
législateur annule les effets des jeux illicites; jamais il
ne consent à attribuer des bénéfices aux joueurs qui
s'y sont livrés. Qu'il les rétablisse dans leur état pri-
mitif, rien de mieux ; mais il ne pouvait pas faire davantage. Nous avons vu que l'ordonnance de 1629 autorisait de pareilles demandes de dommages-intérêts,

(1) Cette définition est reproduite littéralement par l'art. 1149 du
Code.

et nous en avons exprimé le motif : elle se proposait
d'effrayer les joueurs au moyen de châtiments multipliés
et exorbitants. Le Code ne s'est pas montré si sévère ; il
a remplacé les exagérations de l'ordonnance de 1629
par un simple refus d'action, qui a pour but de fermer
la porte à tous les procès. En outre, le droit aux dommages-intérêts, dont parle le monument législatif du
règne de Louis XIII, était réservé aux seuls parents,
ascendants et tuteurs ; il n'appartenait pas aux joueurs
eux-mêmes.

Au lieu des jeux illicites, s'il s'agissait de jeux énumérés dans l'art. 1967, la solution pourrait être différente ; car ils sont vus avec faveur par la loi. C'est
une question que nous abandonnons alors à la sagesse
des magistrats.

DE L'OBLIGATION NATURELLE RÉSULTANT DU JEU.

Le paiement d'une dette de jeu constitue, selon nous,
l'acquittement d'une obligation naturelle. Nous allons
entreprendre de démontrer cette proposition qui nous
est vivement contestée par un grand nombre de jurisconsultes ; mais nous avons l'assentiment de quelques auteurs qui ont soutenu notre opinion et nous
aideront à la développer. Nous avons d'ailleurs longtemps hésité à nous mettre en contradiction formelle
avec le système absolu que la doctrine professe généralement sur cette question ; ce n'est pas sans regret

que nous nous sommes décidé à nous séparer de l'enseignement de l'un de nos maîtres, M. Massol, dont
l'excellent traité renferme des armes puissantes contre
la théorie qui nous a paru cependant devoir être préfé-
rée. Nous n'ignorons pas non plus que nous allons nous
exposer à bien des critiques; car il est probable que
nous n'aurons pas le bonheur de présenter une démonstration assez complète pour convaincre tous les esprits
et mériter tous les suffrages. Malgré cela, nous ne
voulons pas reculer, au risque d'y succomber, devant
la lutte périlleuse que notre conviction nous ordonne
d'engager.

Le mot d'obligation naturelle n'est prononcé qu'une
seule fois dans le Code; il ne se trouve que dans l'article 1235. Que signifie-t-il? L'obligation naturelle
existe-t-elle? Si elle existe, quel est son caractère?
Quels sont ses éléments?

Et d'abord, existe-t-elle? On l'a nié quelquefois,
sans prendre garde à l'article précité. Or, la négation,
en face de cet article, est une inconséquence et un
aveuglement. Donc, l'obligation naturelle existe en Droit
Français.

Si elle existe, quelle est-elle? Comment la définir?
Le Code s'est contenté de la signaler; il ne nous la fait
pas connaître. A son défaut, il nous reste Pothier, qui
nous indique ce qu'elle était sous notre ancienne législation, et les travaux préparatoires qui nous permettent
de comprendre ce qu'en ont pensé les rédacteurs de la
loi nouvelle.

. Pothier (1) nous en donne la définition suivante :
L'obligation naturelle, dit-il, est celle qui, dans le for
de l'honneur et de la conscience, oblige celui qui l'a
contractée à l'accomplissement de ce qui y est con-
tenu..... La loi civile dénie l'action au créancier ; le débiteur n'est tenu que par la morale, par le lien de l'é-
quité, pudoris et æquitatis vinculum.

Il admet deux classes d'obligations naturelles ; il distingue entre celles qui sont dépouillées de sanction civile, par rapport à la défaveur de la cause d'où elles
procèdent, et celles qui naissent de personnes que la
loi déclare inhabiles à contracter. Par conséquent, l'o-
bligation spéciale dont nous parlons, qui existe en
équité sans être reconnue en droit, qui est valide en
conscience et dénuée d'effets en justice, se nomme
obligation naturelle, d'après lui, soit qu'elle ait une
cause illicite, soit qu'elle n'ait pu se former valablement par suite de l'incapacité de tous les contractants
ou de l'un d'eux.

Les idées et le langage de Pothier sont fidèlement
reproduits par M. Bigot de Préameneu dans son Exposé
des motifs du titre des Obligations, puis par M. Jaubert
dans sa communication officielle au Tribunat.

M. Bigot de Préameneu, commentant l'art. 1235,
s'exprime ainsi :

« Tout paiement suppose une dette, et conséquem-
ment, ce qui aurait été payé pour une dette qui n'exis-
terait pas, pourrait être répété. Mais la répétition doit-

_____

(1) Traité des Obligations, partie 2, chap. 1er.

elle avoir lieu lorsqu'une obligation naturelle a été volontairement acquittée ? La loi, qui n'eût point admis
l'action contre le débiteur, doit-elle le regarder comme
étant lié civilement, lorsqu'il a payé?..... Ce paiement est une renonciation de fait aux exceptions, renonciation que *la bonne foi seule et le cri de la conscience*
sont présumés avoir provoquée, renonciation qui
forme un lien civil que le débiteur n'est plus le maître
de rompre. » — Quelle est ensuite sa définition des obligations naturelles? Il l'emprunte également à Pothier,
de même qu'il lui a emprunté les termes de bonne foi
et de conscience : « Les obligations naturelles sont
celles que, par des motifs particuliers, la loi civile déclare nulles. »

M. Jaubert est bien plus explicite encore :

« Le domaine de la conscience, écrit-il, ne peut
être du ressort du législateur civil ; il ne doit donc s'occuper que des obligations civiles; et par une conséquence nécessaire, il ne peut donner une action qu'à
celui qui est muni d'une obligation civile.

« Mais, lorsqu'un paiement a eu lieu, serait-il
juste d'autoriser celui qui l'a fait à le répéter indistinc-
tement dans tous les cas, par cela seul que celui qui
l'a reçu n'aurait pu l'exiger par une action civile? Ne
faut-il pas remonter au motif qui a déterminé le paiement, pour savoir si c'est une erreur absolue qui l'a
occasionné, ou si, placé entre la loi civile et la conscience, le débiteur a refusé de se prévaloir du secours
de la loi civile pour obéir à une loi plus impérieuse,
celle de la conscience.

« Oui, loin de nous la pensée que les droits de l'é-
quité naturelle puissent être indifférents au législateur
civil ! La foi intime ne sera-t-elle pas toujours le premier lien de la société ?

« La véritable base de l'obligation est toujours dans
la conscience des contractants ; si donc cette base pri-
maire apparaît aux magistrats, le paiement qui en a été
l'effet doit être sanctionné par la toute puissance de la
loi. »

Tel est le premier caractère de l'obligation naturelle,
qui se résume parfaitement dans la paraphrase du pudoris et æquitatis vinculum. Toutefois, il est nécessaire
de poser une sous-distinction que M. Massol a très nettement établie entre l'obligation naturelle proprement
dite et l'obligation morale ou de conscience, quand il
énonce que l'obligation naturelle, intermédiaire de
l'obligation de conscience et de l'obligation civile, se
rapproche davantage de cette dernière. C'est ce que
nous allons prouver.

Le Code a refusé à l'obligation naturelle l'efficacité
des obligations civiles, parce qu'elle est frappée d'une
présomption générale d'inexistence ou d'invalidité ;
néanmoins, bien qu'elle soit dépourvue ab initio de
sanction légale, elle n'est pas entièrement privée de
tout effet juridique. Elle jouit, au contraire, d'une
puissance réelle et latente qui ne fait que sommeiller,
parce que la double présomption d'inexistence ou d'invalidité peut se trouver en défaut. Elle existe en qualité de lien de droit sui generis, puisqu'elle est susceptible d'être validée ; elle a l'énergie finale des autres

obligations, puisqu'il arrive souvent qu'elle est exécutée ; elle participe aux mêmes vertus et aux mêmes
priviléges, puisqu'elle n'est éteinte que par le paiement, et si le paiement l'éteint, c'est qu'elle formait
une contrainte aussi forte que toute autre. Il est évident, sans doute, qu'elle ne reçoit la plénitude de sa
force que par un fait bien postérieur à sa création, par
un évènement qui est laissé au libre arbitre du débiteur. Qu'importe! Cela ne démontre qu'une chose qui
n'est nullement contestée par nous, savoir : la différence de l'obligation naturelle et de l'obligation civile,
tant qu'il n'intervient pas soit une exécution, soit une
novation, soit un acte quelconque d'où résulte l'aveu
de la valeur de la dette. Mais le débiteur pouvant renoncer à se prévaloir de la faculté exceptionnelle et
potestative dont il jouit pour ne pas payer; les scrupules de sa conscience pouvant le forcer à accomplir son
engagement, nous avons raison de prétendre que l'efficacité juridique de l'obligation naturelle n'est que para-
lysée; nous avons raison de prétendre, enfin, qu'il
arrive un moment où elle monte à la hauteur d'une obligation civile. Cela est si vrai, que plusieurs jurisconsultes lui donnent le nom d'obligation civile imparfaite.

Dès-lors, nous devons nous demander quelles sont
ces obligations particulières qui ne donnent au créancier aucun droit de poursuite, pendant tout le temps
qu'il plaît au débiteur de rester dans l'inaction. Combien
y en a-t-il? Rangerons-nous dans leur catégorie les
obligations assez nombreuses que l'on appelle vulgairement devoirs de conscience ou de morale?

La classification n'est pas embarrassante; car il suffit de ne pas oublier que l'exécution d'une dette naturelle, volontairement faite par le débiteur, d'après l'article 1235, est un véritable paiement sur lequel il n'est plus possible de revenir.

Prenons un exemple : Primus, qui est riche, a un frère, Secundus, qui est pauvre. Si Primus vient au secours de Secundus et que, par un sentiment de pitié ou d'affection, il lui donne une somme d'argent de 10,000, de 20,000 fr., un immeuble, un avantage pécuniaire quelconque, dans le but de le tirer de sa mauvaise position et de le mettre en état de soutenir les charges de sa famille, considérerons nous comme un paiement cet acte de générosité qui lui est commandé par la morale, par la conscience du bien et du juste, par les devoirs de la parenté et de l'honneur, par les liens du sang? Verrons-nous un paiement dans l'accomplissement des règles de la charité et des obligations de l'amour fraternel? Non. Ce ne sera qu'une pure libéralité; car, au point de vue du droit positif, non-seulement les prescriptions de la reconnaissance, de la pitié, de la parenté, de l'honneur, n'obligent pas, mais encore ils ne constituent pas un paiement. Celui qui les exécute fait une donation, quelquefois une prodigalité, et cette donation sera soumise aux règles des donations ordinaires, c'est-à-dire réductible, si elle dépasse la quotité disponible, rapportable, si le donataire succède au donateur, révocable pour cause d'ingratitude et pour cause de survenance d'enfant.

Pareillement, les valeurs qui sont livrées par un

8

père à son fils, pour établissement de mariage ou autre, n'offrent pas les conditions juridiques du paiement; ce sont de pures libéralités qui résultent d'une obligation morale, d'un devoir de famille.

Mais il est certain, au contraire, que l'obligation naturelle se rencontre dans cinq hypothèses que nous devons spécifier une à une, sauf à rechercher plus tard s'il n'y a pas d'autres cas analogues qui puissent leur être assimilés.

Ces cinq hypothèses sont énumérées par tous les auteurs; les voici : l'obligation du mineur, celle de l'interdit, celle de la femme mariée, la prescription, et l'autorité de la chose jugée.

Nous savons que tout acte émanant d'un mineur, alors qu'il n'a pas été passé avec l'autorisation de la personne chargée de veiller à ses intérêts et de les sauvegarder, est annulable. Quand un fils de famille non émancipé emprunte une somme d'argent, il n'est pas valablement obligé. Quelle en est la raison ? C'est que le législateur ne croit pas qu'il ait agi avec discernement. Si l'on consulte, en effet, l'état intellectuel de son âge, il est difficile de concevoir qu'il ait été maître de comprendre toute la portée et toutes les conséquences de cet acte, afin d'en mesurer la responsabilité, les chances et les risques, les avantages et les inconvénients ; il est très probable, enfin, qu'il ne s'est pas conduit avec la sûreté et la sagesse d'appréciation qu'un bon père de famille apporte à la direction de ses affaires. Sans contredit, le contraire est possible, mais il est rare et douteux.

Le mineur serait donc obligé civilement, s'il était
prouvé qu'il a agi avec le discernement d'un homme
sérieux. A la différence du Droit Romain, comme le
remarque judicieusement Toullier, notre Droit Français suivant partout les règles de la raison, toute convention étant pour lui obligatoire, dès qu'elle est licite
et juste, dès qu'elle présente une certitude de fermeté
qui est son fondement principal, on ne voit pas pourquoi l'obligation d'un mineur, dans les circonstances
que nous énonçons, devrait seulement se former en
équité, sans se former par cela même en droit; on ne
comprend pas davantage qu'une obligation soit juste,
raisonnable, morale, et en même temps privée de
sanction civile. Evidemment, la loi a pensé (et nous
applaudissons à sa prudence), qu'il serait trop difficile,
sinon impossible, de démontrer que le mineur, au moment du contrat, était doué d'une intelligence assez
mûre pour s'obliger valablement et définitivement. Elle
a reculé devant les dangers d'une pareille preuve et l'a
protégé contre lui-même. Telle est la base de la première
présomption qui a porté le législateur à refuser aux conventions contractées par les mineurs les effets de l'obligation civile. Ces conventions n'engendrent donc ab
initio que des obligations naturelles. Mais aussi, l'incapacité des mineurs n'étant que provisoire, il arrive
un instant où la ratification couvre le vice de leurs
agissements antérieurs. Il serait absurde de soutenir
qu'ils ont toujours méconnu leurs intérêts ou qu'ils ont
été constamment abusés par les tiers. C'est pourquoi
ils sont autorisés, à une certaine époque, à proclamer

qu'ils s'étaient comportés sagement au jour de la formation du contrat. Aussitôt qu'ils atteignent l'âge de la
majorité, ils ont le droit d'obéir à leur conscience et
d'avouer hautement leurs dettes. Leur aveu est alors
le triomphe de la morale sur l'iniquité du droit ; il est
aussi la preuve irréfragable de la valeur des obligations qu'ils exécutent, et ces obligations, purement naturelles à l'origine, se transforment désormais en véritables obligations civiles quant aux résultats.

Les présomptions tirées de l'incapacité de l'interdit
et de la femme mariée non autorisée, sont les mêmes
que celle qui concerne la minorité ; elles reposent sur le
même principe, sur la même idée, savoir que l'incapable a contracté sans posséder l'intelligence suffisante
de ce qu'il faisait. On estime qu'il ne serait pas juste
de le maintenir irrévocablement dans la position où
l'a mis son ignorance ou son inexpérience.

La quatrième présomption est celle qui dérive de
l'autorité de la chose jugée. Vous vous prétendez mon
créancier d'une somme d'argent, et vous me poursui-
vez en justice. Le tribunal rejette votre demande comme mal fondée ou non prouvée ; mais cependant les
juges se sont trompés ; car je suis réellement votre
débiteur. Si le jugement est définitif, si vous avez laissé
passer les délais d'appel et qu'il n'existe plus en vos
mains de recours suprème contre la décision qui m'a
donné gain de cause, contrairement à la vérité et à la
justice, je serai désormais à l'abri de votre légitime réclamation par une fin de non-recevoir péremptoire et
juridiquement irremédiable. Il s'élèvera une barrière

légalement infranchissable entre vous et moi. Malgré
cela, je demeure encore obligé naturellement. Que si,
obéissant aux prescriptions de ma conscience, je vous
paie la somme que les magistrats m'ont autorisé à garder, je ne vous ferai pas une donation. L'art. 1235
déclare que c'est là un paiement, et je serai réputé
avoir acquitté une obligation civile.

La dernière présomption légale est celle de la prescription. Là encore et plus directement peut-être le
fait est en contradiction avec le droit. Cette contradiction s'explique par un motif d'intérêt public. Il ne faut
pas que les questions de propriété restent trop longtemps incertaines et confuses. Il est permis en outre
au débiteur, après dix, vingt ou trente ans, de s'affranchir des liens qu'il avait contractés, parce qu'un
aussi grand espace de temps, écoulé sans contestation
de la part du créancier, entraine la probabilité d'un
évènement qui est dans la nature des choses humaines;
on doit penser ou que la dette n'était pas sérieuse, ou
qu'elle a été acquittée, ou que le créancier n'a pas
voulu se servir d'un titre inique, ou qu'il y avait une
autre cause qui justifie son silence. La preuve contraire serait trop périlleuse. C'est pourquoi le débiteur est autorisé à se retrancher derrière la prescription. Que si pourtant il ne consent pas à user du
bénéfice qui lui est accordé, que si, reconnaissant le
vice de sa propriété, se repentant de sa mauvaise foi,
il vient remplir de son plein gré l'engagement que la
loi était impuissante à lui faire exécuter, il satisfait
alors à sa conscience et à la morale; il acquitte une

obligation naturelle. Voilà une nouvelle application de l'art. 1235, qui recueillera son aveu et s'en prévaudra ensuite pour lui refuser le droit de toute répétition ultérieure.

En résumé, sous le Code civil, d'après les partisans du système contraire au nôtre aussi bien que dans l'opinion que nous émettons, l'obligation naturelle est celle que la loi finit par sanctionner à un certain moment; ce moment, c'est le jour de l'exécution volontaire ou de la reconnaissance de la dette par un acte équivalent.

Eh bien, lorsque nous arrivons maintenant à nous demander si le jeu rentre dans la catégorie des contrats qui engendrent des obligations naturelles, nous sommes frappé tout d'abord d'un point capital sur lequel se porte nécessairement notre attention : le Code finit par sanctionner le jeu ! L'art. 1967 attribue au jeu l'effet principal d'une obligation civile ! Il reconnaît qu'une dette de jeu est susceptible de paiement ! Donc l'obligation qui résulte du jeu est une obligation naturelle. Voilà, par conséquent, une hypothèse qu'il faudra joindre aux cinq hypothèses que nous venons d'énumérer.

Cependant, malgré l'art. 1967 et à cause même de cet article, nos adversaires repoussent notre solution, en donnant une signification différente au principe suivant lequel le paiement d'une dette de jeu n'est pas sujet à répétition. Ils affirment que le perdant, qui a payé ce qu'il avait perdu, n'est pas fondé à réclamer en justice le remboursement des sommes qu'il a consenti à livrer à son créancier, non pas parce qu'il est réputé avoir exécuté une obligation naturelle dans le sens de l'art. 1235, mais parce que les magistrats ne doivent pas changer la position qu'il a faite au gagnant et le rétablir dans celle qu'il a volontairement abandonnée. En jouant, il a contrevenu à la loi; il ne saurait donc invoquer sa protection. Placé entre sa turpitude comme joueur et son indignité comme avare, il n'est pas recevable à intenter un procès dont le scandale est une atteinte à la morale publique. Enfin, le fait est accompli. Quoique son co-joueur ne soit pas moins blâmable que lui, le paiement est inattaquable en vertu de la règle du Droit Romain sur l'égalité de turpitude : in pari causa, melior est causa possidentis. Le gagnant possède; qu'il conserve. Tel est le sens de l'art. 1967.

Nous avouons que la règle de l'égalité de turpitude jointe au fait de la détention est l'un des motifs de la non-répétition, qui vient punir le joueur de sa mauvaise foi. Mais il n'en résulte pas que cette règle, empruntée aux Pandectes de Justinien, puisse être toujours vraie et toujours rigoureusement juste en Droit Français, où elle n'a pas été formulée d'une façon précise. Quelle que soit sa puissance, en matière de jeu, elle ne détruit pas les considérations philosophiques qui subsistent à côté de la législation positive; elle n'empêche pas la loi morale de valoir à côté de la loi écrite.

Le motif tiré du titre 5, livre XII, au Digeste, est une supposition, une hypothèse scientifique, un argument d'école, plutôt que l'expression de la pensée du législateur. Le vrai motif de la non-répétition se trouve dans l'existence de l'obligation naturelle produite par le contrat du jeu.

Il est manifeste que l'art. 1967 est le corollaire immédiat de l'art. 1235. Ces deux articles arrivent au même but par les mêmes procédés ; ils se servent des mêmes termes ; ils sont la reproduction d'une idée commune. L'art. 1235 édicte que la répétition n'est pas admise à l'égard des obligations naturelles qui ont été volontairement acquittées ; l'art. 1965 renferme une théorie entièrement identique, quand il dit que le perdant ne peut répéter ce qu'il a volontairement payé. Dans le premier texte, la loi refuse l'action en répétition, après un paiement sciemment et volontairement accompli ; dans le second, nous retrouvons la phraséologie du premier, la non-répétition à la suite du paiement volontaire. Le langage de celui-ci est copié sur le langage de celui-là. Cette similitude n'est-elle pas un trait de lumière ? N'y a-t-il pas là une corrélation très significative ? N'est-ce pas la preuve de la correspondance intime que nous signalons. Évidemment, les rédacteurs du Code ont songé à l'art. 1235, en écrivant l'art. 1967, bien plus qu'ils n'ont entendu remettre en vigueur les principes de la législation romaine et se référer à des règles juridiques qui n'ont pas été expressément formulées, bien qu'elles ne soient pas tombées en désuétude. Ces règles n'ont donc qu'une place secondaire et ne s'appliquent pas d'une façon absolue aux dettes de jeu.

Notre opinion se trouve ainsi justifiée au point de

vue du Code; il nous reste maintenant à justifier le Code lui-même.

Le jeu est, sans contredit, une source d'excès qui compromettent quelquefois les bonnes mœurs, l'ordre social et le repos des familles. L'art. 1965 a sagement agi en le condamnant. Mais l'opinion publique ratifie-t-elle toujours la sévérité de la loi? Non. Aujourd'hui, de même qu'autrefois, elle proteste dans bien des circonstances. Il en est de cela comme du duel. Or, c'est bien le cas de dire : quid leges sine moribus? Consultez le sentiment de chaque homme. Il vous sera répondu qu'une dette de jeu est sacrée. Lorsque le tribunal des maréchaux de France jugeait les questions d'honneur entre gentilhommes, il autorisait le gagnant à poursuivre en justice son débiteur jusqu'à concurrence de 1,000 livres. Combien à plus forte raison, comme le dit M. Troplong, la répétition des sommes volontairement payées ne lui aurait-elle pas paru déloyale? De quelle réprobation n'aurait-il pas frappé celui qui aurait osé réclamer un semblable remboursement? Ces maximes, ces traditions, ces susceptibilités des maréchaux de France, elles se sont conservées dans les cœurs honnêtes, dans les esprits élevés aussi bien que dans le peuple, et tout le monde estime que le jeu engendre, dans le for de la conscience, une obligation naturelle dont la bonne foi défend de se délier, dont l'équité fait un devoir, et dont l'accomplissement est une nécessité plus stricte, plus dure que bien des obligations civiles, dont le créancier peut exiger le paiement avec l'aide des huissiers.

Pothier a très bien démontré, selon nous, que le jeu constitue une obligation naturelle, dérivant du *pudoris et æquitatis vinculum*. Il renverse la question, et il demande si le gagnant, qui a reçu le paiement des sommes perdues, est obligé à les restituer; s'il n'est pas tenu moralement de les restituer, c'est qu'il y a obligation naturelle; d'où la conséquence que le perdant n'est pas fondé à les réclamer.

Il importe donc de décomposer l'opération; car le jeu est un contrat à double face. Il y a deux contractants, deux intérêts, et, par suite, deux positions : 1° le perdant est-il tenu, dans le for de la conscience, de payer les sommes qu'il a perdues? 2° Le gagnant est-il tenu, dans le for de la conscience, de rendre les sommes qu'il a gagnées? Si vous prouvez que le lien de conscience n'existe pas pour le gagnant, vous prouvez qu'il existe pour le perdant. On a coutume de considérer seulement la situation du perdant; c'est un tort. Pothier s'attaque directement au gagnant, et son argumentation n'en a que plus de force.

Voici comment il expose son critérium.

Dans les provinces régies par les ordonnances royales, les lois se bornent à condamner le jeu, à prononcer de fortes amendes contre ceux qui donnent à jouer, et à dénier l'action aux joueurs qui réclament ce qu'ils ont gagné; mais elles n'imposent pas la restitution aux gagnants, alors que les perdants sont majeurs et qu'ils ont pu valablement perdre. Ces lois, qui assurent aux gagnants la conservation de leur gain, sont-elles en contradiction avec la morale et l'équité? Non. Elles sont logiques et équitables, parce que l'acquisition qui procède du jeu ne renferme aucune injustice et n'a qu'un vice extrinsèque. Intrinsèquement, le jeu a une cause véritable, légitime et sanctionnable. Ce qui est mauvais, c'est la fin que se proposent les joueurs ; c'est la contravention aux règles de police qui proscrivent les jeux de hasard.

Le marchand qui vend, un jour de dimanche, pendant la grand'messe, un objet de sa boutique, contrevient aux règles de police qui défendent les négociations pendant l'office divin. La vente qu'il a consentie dans cette condition a bien un vice extrinsèque, mais non intrinsèque : elle n'a rien d'illicite, rien de mauvais en elle-même. Si la marchandise n'a pas été vendue à un prix supérieur à sa valeur commerciale, s'il n'y a pas eu, en outre, quelque dol, supercherie ou erreur, et que la transaction ait été loyale de part et d'autre, le marchand ne sera obligé, ni moralement, ni civilement, à restituer le prix et à reprendre l'objet négocié, parce qu'il a un juste titre d'acquisition. Pareillement le jeu est prohibé par des lois de police et des règlements d'administration publique; mais l'effet de ces règlements se réduit à un déni d'action pour l'exécution du contrat qu'ils proscrivent : Nullum pactum, nullum conventum, lege contrahere prohibente. Pas d'exécution dans le for extérieur; là s'arrête la prohibition. Possibilité d'exécution et obligation naturelle, dès que nous rentrons dans le domaine de la bonne foi et des appréciations ex æquo et bono (1).

On objecte qu'il est contraire à la raison, que la

(1) Pothier, Traité du Jeu, t. IV.

chute des dés sous une certaine face, ou un partage de cartes, fasse passer une somme d'argent entre les mains de Paul plutôt qu'entre les mains de Pierre. Peu importe! Et d'ailleurs, ce n'est pas la chute des dés qui est la cause de l'acquisition. Elle n'en est que la condition éventuelle. Et puis, le perdant n'était-il pas majeur? Ne savait-il pas ce qu'il faisait? N'avait-il pas le droit de disposer de son bien à son gré, au profit de toute personne, de la manière qui lui plaisait? N'avait-il pas le droit d'en disposer, même sans condition, et de le dissiper aussi follement peut-être dans d'autres prodigalités?

En résumé, l'art. 1967 attribue aux dettes de jeux le caractère d'une obligation naturelle, dont la puissance finale est équivalente aux obligations naturelles des mineurs, des interdits et des femmes mariées; il est la reproduction textuelle de l'art. 1235, et cette reproduction démontre que le législateur n'a pas voulu se référer aux règles de la condictio ob turpem causam, qui, au surplus, est bien rarement applicable dans notre droit. En France, il n'est pas de tribunal qui consente à renvoyer purement et simplement, sans les entendre et sans les juger, comme le faisait le préteur romain, deux voleurs, par exemple, qui se seraient volés réciproquement. L'égalité de turpitude n'a pas été écrite dans le Code; et si elle peut être invoquée quelquefois, à l'occasion de contrats absolument immoraux et c imine's, elle a été repoussée spécialement pour le contrat de jeu. Le jeu est un contrat illicite d'une nature particulière; il ne faut pas l'assimiler à certaines conventions que la jurisprudence a eu raison de flétrir

énergiquement, en empruntant au Digeste la maxime
in pari causa, melior est causa possidentis.

DU PAIEMENT DES DETTES DE JEU.

Nous avons démontré que le jeu engendre une obligation naturelle et que l'exécution volontaire de cette obligation naturelle n'est pas une donation, mais un paiement. Le créancier conserve les valeurs qu'il a reçues, en
qualité de créancier et non pas en qualité de donataire.
En un mot, le paiement est déclaré valable par l'art.
1235, bien qu'il ait été fait par une personne qui pouvait ne pas le faire, à une personne qui n'avait pas le
droit de l'exiger. En matière de jeu, le paiement présente une particularité qui ne se trouve pas dans les
autres matières donnant lieu à des obligations naturelles, où le débiteur a plus de liberté; il n'est valable qu'autant qu'il est définitivement accompli par la
tradition de l'objet perdu. La promesse de payer ne lie
pas le débiteur. La reconnaissance de la dette ne suffit
pas pour autoriser le gagnant à poursuivre le perdant.
Une dette de jeu n'est susceptible ni de novation, ni de
compensation, ni de confusion. Elle diffère en cela
singulièrement de l'obligation naturelle de droit commun, qui peut être novée, compensée, ratifiée, con-
fondue dans certaines circonstances. De tous les modes
d'extinction, le paiement seul, le paiement proprement
dit, opéré de la main à la main, est capable de produire
un effet irrévocable. Pourquoi en est-il ainsi? Puisque

nous admettons dans le jeu l'existence d'une obligation naturelle, il semble que, pour être conséquent
avec notre doctrine, nous devrions concéder aux joueurs
les bénéfices et les libertés qui appartiennent aux contractants dont les conventions sont irrégulières. L'engagement du mineur et de la femme mariée est aussi
incomplet que celui du perdant à l'égard du gagnant,
ce qui n'empêche pas que le mineur ait la faculté de
ratifier son obligation imparfaite; il lui est permis de
la reconnaître, de la constater, de l'avouer et de la
vivifier par son aveu. Quand il ne peut pas payer tout
de suite, il est libre de promettre qu'il paiera plus
tard, et si sa promesse est accompagnée des formules
légales, il lui sera interdit de revenir sur le fait acquis
à la cause de son créancier, à moins qu'il n'y ait eu dol,
erreur ou violence. Dès-lors on ne comprend pas que le
débiteur, en matière de jeu, soit dans l'impuissance
d'avouer également sa dette, de la reconnaître et de
la ratifier, afin de procurer au créancier l'avantage de
la ratification. Toutefois, il est certain que cette reconnaissance de la dette de jeu est impossible; notre règle
subsiste, et voici comment elle s'explique.

Oui, l'obligation naturelle qui résulte du jeu amè-
nerait les effets de l'obligation naturelle du droit commun, si les articles 1235 et 1967 n'étaient pas cor-
rigés, dans ce qu'ils ont d'absolu, par l'art. 1965. Il
serait, en effet, téméraire d'oublier le principe général
qui domine notre sujet. Avant tout, la loi proscrit le
jeu. Elle lui refuse une action en justice, parce qu'elle
le répute indigne de sa protection. Elle veut bien ne

pas toucher aux faits accomplis; mais elle n'entend pas munir les joueurs de priviléges indirects, parce que la ratification, la novation et la compensation serviraient à éluder les sages mesures qui ont été promulguées pour détruire les abus d'une passion funeste à la société.

Le paiement effectif de l'article 1967 est donc la condition essentielle que la loi réclame à titre d'exécution définitive. Sans doute, le perdant est fondé, en conscience, à ratifier sa dette et à promettre qu'il paiera; mais, en droit, sa ratification restera purement passive, comme l'était auparavant son obligation. Elle n'aura pas plus de force que le contrat n'en avait ab initio. Il ne sera enchaîné que par le lien de l'équité et de la pudeur. Bien plus, malgré la nouvelle sûreté qu'il s'est proposé de fournir à son créancier, celui-ci n'en recueillera aucun avantage, et sera repoussé quand il voudra s'en prévaloir devant les tribunaux; car les actes de ratification et de novation constituent toujours ici des fraudes à l'article 1965, d'après la maxime ordinaire : contra legem facit, qui id facit quod lex prohibet; in fraudem vero qui, salvis verbis legis, sententiam ejus circumvenit(1).

Pénétrée de ces idées, la jurisprudence n'a jamais été séduite par les artifices qu'emploient les joueurs, dans le but de la tromper, en déguisant l'origine d'une dette de jeu sous le couvert de manœuvres ingénieuses; elle s'empresse de les dévoiler chaque fois qu'elle les rencontre; elle les annule sans pitié.

(1) D., l. 29, de Legibus.

Un arrêt de la Cour de Lyon, en date du 21 décembre 1822, décide que la reconnaissance, dans un acte notarié, d'une dette de jeu déguisée sous la cause de prêt d'argent, n'équivaut pas un paiement :

« Attendu qu'il résulte des faits de la cause des présomptions graves que la dette (portée dans l'obligation notariée), provient d'une perte essuyée au jeu ;

« Attendu que c'est une véritable subtilité que de dire que, par la remise faite par Sadan à Pernety de son obligation, il a véritablement payé la dette qu'il avait contractée, et qu'ainsi il est dans les cas prévus par l'art. 1967 et n'a plus le droit de répéter ce qu'il a déjà payé ; qu'en effet une obligation peut être substituée à un paiement, mais qu'elle n'est en réalité qu'une promesse de paiement, un paiement fictif et non réel. »

S'il en était autrement, les joueurs ne cacheraient-ils pas toujours par des actes licites la cause illicite de leurs transactions? L'art. 1965 deviendrait entièrement inapplicable.

Il a été jugé aussi que les effets à ordre souscrits pour dettes de jeu sont nuls (1) ; car ce ne sont, en réalité, que des promesses de paiement. Leur nullité est d'ordre public. La Cour de Cassation, le 29 décembre 1814, a été jusqu'à admettre que le souscripteur de ces billets a non-seulement le droit de demander au gagnant la restitution de ceux qu'il a en son pouvoir, mais encore la

---

(1) Grenoble, 6 décembre 1823 ; — Angers, 13 août 1831 ; — Cassation, 30 novembre 1826.

garantie de ceux qu'il a mis en circulation. La Cour de
Paris n'a pas osé pourtant aller si loin (1); car le porteur n'est pas en faute et sa bonne foi mérite d'être
prise en considération.

« En un mot, dit M. Troplong, quelque soit le mas-
que que la dette de jeu cherche à revêtir, qu'elle se
qualifie obligation civile, promesse, billet, transaction même, elle ne saurait échapper à la fin de non-
recevoir qui l'attend dans le sanctuaire de la justice. »

Quid du paiement d'un immeuble? Est-il valable?
Est-il au contraire sujet à la répétition?

Sous l'empire de l'ordonnance de 1629, la répétition
était interdite au gagnant qui avait acquitté sa dette
en livrant un immeuble. La propriété passait tout entière sur la tête du gagnant, sauf une exception qui est
relatée en ces termes par l'art. 141 :

« D'autant que l'effrénée passion du jeu porte quelquefois à jouer des immeubles, nous voulons et déclarons que, nonobstant la perte et délivrance desdits immeubles, quoique déguisée en vente, échange ou
autrement, les hypothèques demeurent entre eux aux
femmes pour leurs conventions et aux créanciers pour
leurs dettes, nonobstant tout décret, s'il est prouvé
que l'aliénation desdits immeubles procède du jeu. »

La délivrance était donc valable, sous la réserve des
droits des femmes et des créanciers.

A l'inverse de l'ordonnance de 1629, la déclaration
du 1er mars 1781 avait frappé d'une nullité absolue les

(1) 28 janvier 1853, D. 53, 2, 136.

9

ventes, cessions, transports et tous autres actes,
simulés ou non, ayant pour objet une dette de jeu. Un
arrêt du 27 novembre 1811, rendu par la Cour de Paris
sur l'appel d'un jugement du tribunal de Joigny, à l'occasion de faits antérieurs au Code, a appliqué cette déclaration de 1781. Un sieur Ragon avait perdu 1,500 fr.
dans une partie de cartes. Il livra en paiement au sieur
Martin, son créancier, un arpent de pré. L'acte de
vente n'avait pas été fait double. Néanmoins, le tribunal de Joigny s'était surtout fondé sur l'origine de la
dette pour l'annuler. La Cour de Paris tira la nullité de
l'art. 1325; mais elle s'appropria en même temps le
motif des premiers juges.

La décision de la Cour de Paris était rationnelle,
parce que l'acte de vente et l'époque de la dette remon-
taient à l'an VI. Depuis le Code Napoléon, la déclaration de 1781 est abrogée. Si la vente est sérieuse et
sincère, elle doit être maintenue par la puissance de
l'art. 1967 (1).

Il est à remarquer pourtant que, dans le cas où
l'acheteur viendrait à être évincé, il n'aurait pas de recours contre son vendeur; car ce serait donner indirectement action pour une dette de jeu, l'action en garantie étant une action personnelle qui a pour objet la
restitution d'une somme d'argent (2).

Enfin, la jurisprudence et la doctrine sont unanimes
à autoriser le perdant à prouver, par témoins, la cause

(1) En ce sens, M. Troplong, n° 191, et M. Dalloz, Rép., Jeu et Pari,
n° 47.
(2) Chardon, dol, n° 563.

mensongère et illicite des contrats que le gagnant aurait exigés de lui. M. Troplong estime même que les juges ont, à cet égard, un pouvoir discrétionnaire, et que des présomptions suffiraient à établir qu'une dette reconnue dans un acte public dérive du jeu, pourvu qu'elles fussent graves, précises et concordantes.

De l'action intentée par un tiers en remboursement de la
* somme qu'il a prêtée pour le paiement d'une dette de*
jeu.

Quelquefois le perdant, au lieu de payer avec ses propres deniers, emprunte les fonds nécessaires à sa libération. Le prêteur sera-t-il fondé à réclamer le remboursement des sommes qu'il a avancées? Sa demande sera-t-elle accueillie par les juges? Oui, s'il est demeuré complètement étranger au jeu. Non, s'il y a pris une part quelconque.

Lorsque le prêteur de deniers était lui-même cojoueur (collusor), son action n'est pas recevable, parce que la cause du prêt étant contraire aux bonnes mœurs, vicie l'obligation au point de la rendre impuissante à produire un effet juridique. L'art. 1965 est là pour lui imposer silence. *Mutuum factum colludenti non valet.* Lorsque le prêteur, au contraire, était entièrement désintéressé dans le jeu, comme il n'a voulu, en rendant un service au perdant, que lui fournir le moyen d'acquitter une obligation de conscience et d'honneur, il obtiendra le recouvrement de la somme prêtée, que le prêt ait précédé ou suivi la perte, dont il serait injuste

de faire retomber le poids sur un tiers qui s'est géné-
reusement interposé entre les joueurs (1).

A l'égard des mandataires, il faut également décider
que celui qui a reçu d'un ami l'ordre de payer une dette
de jeu, est recevable à obtenir le remboursement des
sommes qu'il a dépensées en exécution de son mandat.
Puisque le perdant peut payer directement lui-même
ce qu'il a perdu, pourquoi lui serait-il interdit de le
payer par l'entremise d'un negotiorum gestor? Et pourquoi aussi le negotiorum gestor n'aurait-il pas l'actio
mandati contraria?

Mais lorsque le mandat a été reçu dans l'intention de
jouer pour le compte du mandant, il n'en est plus ainsi;
car il est alors immoral, et par conséquent incapable
de produire en justice un règlement de comptes. Rei
turpis nullum mandatum est, et ideo hac actione non

---

(1) La Cour de Colmar, dans un arrêt du 29 janvier 1841, s'exprime
ainsi :

Attendu qu'il ressort de l'art. 1967 que le jeu est chose tolérée et
pouvant même produire une obligation naturelle, puisque, aux termes de cet article, les sommes perdues et payées ne sont pas sujettes à répétition ;

Attendu qu'il suit de là que les sommes empruntées par un joueur
à un tiers désintéressé dans la partie, et pour couvrir les chances
d'un jeu loyal, c'est-à-dire d'un jeu non prohibé, ne sauraient constituer un prêt illicite ;

D'où la conséquence que ces sommes sont soumises au remboursement, et ce avec d'autant plus de raison que la loi nouvelle, tout-
à-fait muette sur ce point, a été rédigée au regard du Droit Romain,
des anciennes ordonnances, et notamment de celle de 1629, qui
frappaient de néant les prêts de cette nature, tout aussi bien que
tout effet direct du jeu... D'où il suit que ces créances ne peuvent obtenir la sanction des magistrats qu'autant qu'à leurs yeux il appa-
raisse avec certitude que les sommes prêtées ont été réellement
fournies des propres deniers du prêteur...

agitur. La règle du Droit Romain est applicable en Droit Français, et les tribunaux en ont souvent usé à l'occasion des jeux de Bourse, pour refuser aux agents de change, qui jouent pour leurs clients, le droit de répéter leurs avances, frais et salaires.

DES ENJEUX.

Dans certains jeux de hasard, il est d'usage de déposer, avant de jouer, les sommes destinées à former la mise des joueurs. — La mise de fonds, qui est le prix réciproque des risques du contrat, se nomme enjeu.

Quel est le caractère des enjeux? Les sommes placées sur une table, par exemple, en face des joueurs et par chacun d'eux, cessent-elles de leur appartenir aussitôt qu'elles ont été exposées? ou bien, au contraire, chacun ne conserve-t-il pas intact son droit de propriété, même après l'issue de la partie?

Tout le monde est d'accord pour reconnaitre que l'enjeu du perdant est acquis de plein droit au gagnant. Les choses sont consommées, dès que les joueurs ont consenti à soumettre au caprice du sort l'attribution des objets qu'ils ont posés devant eux et dont ils se sont dessaisis. Il en résulte que l'enjeu est un paiement par anticipation. On ne peut plus dire : Voici l'argent de Primus, voici l'argent de Secundus; car l'un et l'autre se sont dépouillés d'avance. Cet argent n'a plus qu'un maitre; il n'appartient plus qu'à un être de raison : le jeu. C'est là, du moins, ce qui résulte généralement des conventions ordinaires entre les joueurs.

S'il en est ainsi, admettons l'hypothèse où le perdant, poussé soit par l'avarice et la cupidité, soit par le regret de s'être compromis dans une entreprise aventureuse qui a tourné contre lui, soit par un motif différent qu'il est inutile d'analyser, s'empare des deniers qu'il avait avancés et se refuse à les livrer à son adversaire. Nous supposons évidemment que la partie avait été exempte de fraude et qu'elle s'était loyalement accomplie. A l'instant où le gagnant allait ramasser la somme qui composait son gain, le perdant l'a saisie et reprise, en s'écriant qu'il ne veut pas payer. En a-t-il le droit? Le gagnant aura-t-il action pour la lui faire rendre?

M. Troplong pense qu'une semblable action lui est interdite, parce que réellement il n'y a là qu'une pure question de jeu. Il lui semble bien difficile de ne pas remonter à l'origine même de la convention. Qu'y a-t-il donc de fondé dans la prétention du gagnant? Quelle est la sauvegarde de l'action qu'il intente? De quoi s'agit-il? D'un joueur qui réclame ce qu'il a gagné au jeu contre un autre joueur qui a perdu! C'est à l'occasion d'un contrat prohibé qu'il porte sa plainte devant les tribunaux, et l'art. 1965 du Code Napoléon fait justice de sa témérité.

Néanmoins, MM. Zachariæ et Duranton se prononcent dans le sens de l'admissibilité de l'action, en se fondant sur l'idée que nous avons développée tout-à-l'heure, savoir : que le gagnant n'exerce pas véritablement une action pour dette de jeu. La dette de jeu, elle est éteinte, puisqu'elle a été virtuellement payée d'avance. C'est un droit de propriété que l'on fait valoir; c'est d'un vol que l'on se plaint. En reprenant son enjeu, le perdant a pris, non pas sa propre chose, mais la chose d'autrui.

Ce système nous semble très spécieux. Un joueur a toujours la faculté de payer ou de ne pas payer ce qu'il a perdu, soit qu'il se refuse à satisfaire à son engagement au moment même de la perte, soit qu'il repousse la demande officieuse du créancier longtemps après la naissance de la dette. Il n'est pas lié juridiquement. Sa conscience seule est obligée. Qu'importe donc une question de temps. Le droit du gagnant est nul au point de vue civil dans le passé comme dans l'avenir, et les magistrats ne peuvent jamais astreindre son débiteur à exécuter un contrat que la loi à eu soin de réputer indigne de sa protection, en vertu d'une présomption juris et de jure, qui n'a pas de limite pour les jeux de pur hasard.

La même solution doit être étendue au cas où les enjeux auraient été déposés entre les mains d'un tiers. Bien que Zacharie pense que l'action du gagnant procéderait alors d'un contrat équivalent au séquestre, nous estimons que le tiers qui restituerait au perdant la somme déposée, ne pourrait encourir aucune espèce de blâme et ne deviendrait pas passible, tout au moins, de dommages-intérêts. En remontant à la cause du dépôt, on ne voit qu'un contrat relatif à une dette de jeu. Ce n'est qu'une dette de jeu non payée dont on veut avoir le paiement, et la simple résistance du débiteur suffit pour écarter la réclamation du créancier.

DU PARI ET DES JEUX DE BOURSE.

On nomme pari la convention en vertu de laquelle deux personnes, qui sont d'un avis différent sur le même objet, se promettent réciproquement que celle dont l'opinion sera reconnue erronée, livrera à l'autre une valeur quelconque qu'elles fixent d'avance.

Les parieurs émettent une double proposition qui est affirmée et niée contradictoirement. Primus dit : telle chose est ou sera. Secundus répond : telle chose n'est pas ou ne sera pas. Le sort de la convention est attaché à la réussite éventuelle de cette proposition alternative. Suivant que la vérité se rencontrera du côté de l'affirmation ou de la négation, le gain appartiendra à Primus et la perte demeurera à la charge de Secundus.

Le pari est un contrat entièrement aléatoire ; le hasard en est l'unique élément, soit que les contractants se prononcent, malgré leur mutuelle ignorance, sur un évènement futur dont la réalisation est incertaine, soit que leur désaccord concerne un fait passé et positif, mais dont l'accomplissement ne leur est pas prouvé.

Dans le jeu, les contractants interviennent en personnes, proprio motu, corpore et animo, pour diriger leurs actions, utiliser leur forces, multiplier leurs calculs, mettre à profit leur habileté et se servir de tous les moyens propres à lutter contre la mauvaise fortune qu'ils travaillent à repousser loin d'eux ; dans le pari, ils ont un rôle purement passif, ils restent spectateurs immobiles et se contentent d'attendre que le destin seul vide leurs contestations.

Le pari était peu usité chez les Romains. Cependant, la plus ancienne et la plus curieuse des actions de la loi, le sacramentum, n'était qu'une véritable gageure. Nous savons, en effet, que le sacramentum consistait dans le dépôt préalable d'une somme pécuniaire entre les mains des pontifes. Cette somme était acquise au trésor de l'État et destinée aux sacrifices publics. Les adversaires, s'adressant tour à tour la parole en termes consacrés, se provoquaient à la déposer et à la risquer. Celui qui succombait perdait le montant de sa consignation; celui qui gagnait le procès retirait ce qu'il avait exposé. Les provocations du système des actions de la loi furent conservées par le Préteur, sous le système de la procédure formulaire. Simplifiées et moins onéreuses pour les justiciables, elles se rapprochèrent davantage peut-être du pari. Au moyen du mécanisme de la sponsio et de la restipulatio, les parties s'engageaient, in jure, l'une envers l'autre, par des stipulations mutuelles, et la somme promise par le plaideur perdant appartenait, non plus au trésor de l'État, mais au plaideur gagnant. Rien n'est plus remarquable. Dans les expressions mêmes, on retrouve la forme d'un pari : si homo, quo de agitur, ex jure Quiritium meus est, sestertios xxv nummos dare spondes (1) ? M. Ortolan (2), dans son Ex-

(1) Gaïus, Comm. 4, § 93.
(2) T. II, p. 434.

plication historique des Instituts de Justinien, insiste
sur la théorie que nous signalons, et il ajoute que, de
nos jours, en Abyssinie, la manière d'engager un procès consiste encore en un pari préalable.

On distinguait autrefois trois espèces de paris : 1° les
gageures, ainsi appelées, parce que les parties dépo-
saient des gages entre les mains d'un tiers ; 2° les paris
dans lesquels on se bornait à une promesse réciproque ;
3° ceux dans lesquels l'une des parties donnait à l'autre un objet qu'elle devait garder définitivement, si
l'évènement conditionnel se réalisait en sa faveur, et
rendre au double ou au triple, si l'évènement tournait
contre elle.

Depuis la promulgation de l'art. 1965, tous les paris
étant nuls, sauf de rares exceptions, il n'y a plus
d'intérêt à les diviser et à les classer méthodiquement.

Dans notre ancienne jurisprudence, le pari n'était
pas proscrit aussi sévèrement qu'aujourd'hui. La plupart des auteurs pensaient que, toutes les fois qu'ils
n'avaient pas eu lieu à l'occasion d'une chose déshonnête, il formait un contrat sérieux. Loyseau rapporte
pourtant que, d'après une opinion populaire, qui ne
lui semble pas équitable, quand aucun gage n'avait
été remis à l'avance, on estimait qu'il était impossible
au gagnant de se prévaloir de la convention, afin d'agir
en justice contentieuse ; tant qu'il n'y avait eu qu'une
promesse verbale, on n'avait pas le droit d'importuner
les juges de controverses et de bravades frivoles : « cela
était bon seulement pour faire honte à celui qui ne
voulait pas payer. »

Un arrêt du Parlement de Toulouse, en 1668, rejetait également l'argumentation du hor. sens populaire, dans une espèce qui est citée par Catellan.

Un curé s'était rendu sur le champ d'un paysan, pour y percevoir sa dîme; il y eut contestation sur le nombre de gerbes qui avaient été comptées en sa présence. Je parie toute ma récolte, dit le paysan, que ce n'est que la trentième gerbe. — Et moi, répartit le curé, je parie toute ma dîme que c'est la quarantième. — On refit le compte. Le paysan avait raison et refusa de payer la dîme. Le Parlement de Toulouse, saisi de l'affaire, décida que le curé ne pouvait rien exiger.

Les paris furent en grande faveur, au moyen-âge, dans la plupart des villes commerçantes de l'Italie. Consueverunt mercatores futura prognosticari : cette maxime est bien connue; les marchands ont toujours eu l'habitude de prévoir l'avenir et de lui confier l'espoir de leurs spéculations. Suivant l'expression de M. le premier président Troplong, le génie du commerce consiste à savoir hasarder un peu, pour gagner beaucoup, et oser tirer sur la fortune des lettres de crédit. Mais il faut convenir que les coutumes des républiques italiennes dégénérèrent promptement en abus exceptionnels. Les gageures étaient passées dans les mœurs publiques; elles devinrent une manie universelle. On pariait tous les jours et sur tous les sujets : sur la vie des papes, de l'empereur, des rois, des cardinaux, sur le sort des batailles, le succès des armées et des flottes, le résultat des siéges, sur l'arrivée d'un navire, sur l'accomplissement d'une guerre projetée, sur la grossesse des femmes, sur la vie ou la mort d'un homme.

Il paraît que les gageures sur la grossesse des femmes étaient très fréquentes, même en France; car il existe un arrêt du Parlement de Paris, à la date du 29 mai 1763, qui fit défense de parier qu'une femme quelconque était grosse ou qu'elle accoucherait d'un garçon et non d'une fille (1).

Cependant, si nous en croyons l'histoire, la folie générale n'était nulle part aussi extravagante qu'à Rome. C'est ce que nous apprend encore M. Troplong (2), qui raconte, sur l'autorité de Scaccia, que « l'élection d'un pape donnait lieu à des gageures nombreuses, dont les parieurs étaient dans l'usage de vendre la chance par des cessions qui, en peu d'heures, passaient de main en main et donnaient lieu à des variations de cours, de telle sorte que ce cours croissait ou décroissait, selon que l'espérance allait en augmentant ou en déclinant. » A l'époque de leur décadence, les Romains avaient donné le honteux spectacle de la vente aux enchères de l'empire, qui s'adjugeait au plus offrant. Il n'est donc pas étonnant que les mêmes passions se soient reproduites à l'égard des candidatures au trône pontifical. Chaque parti avait son candidat de prédilection. On recueillait avec anxiété les évènements et les bruits du jour. S'il y avait chance de succès, les paris montaient à des sommes fabuleuses; le lendemain, une autre camp parvenait à mettre en

(1) C'est le célèbre pari fait au sujet de la grossesse de la reine Marie-Antoinette : Tut'il mondo ha guadagnato.

(2) N° 94.

avant un autre cardinal, autour duquel se groupaient de nouveaux intérêts, jusqu'au jour où la nomination définitive venait apporter la ruine aux téméraires qui avaient engagé leurs biens sur des probabilités illusoires.

Le Code Napoléon a prohibé le pari; il le condamne aussi sévèrement que le jeu, parce qu'il participe aux mêmes vices et se gouverne par les mêmes principes.

La prohibition de l'art. 1965 est tellement absolue, qu'elle s'étend même aux assurances par forme de gageure, que, du reste, l'ordonnance de la marine de 1681 avait déjà interdites. M. Portalis, dans l'Exposé des motifs du titre des Contrats aléatoires, a pris soin de le rappeler spécialement. Les assurances par gageure étaient autrefois en usage dans beaucoup de ports de mer; elles se formulaient ainsi : Dans le cas où mes marchandises périraient, vous me donnerez 1,000 livres; si elles arrivent à bonne destination, je vous en donnerai 100. Or, le plus souvent, la valeur des marchandises assurées par gageure était purement fictive; car le propriétaire ne se préoccupait pas de préserver des objets réels contre les naufrages : il n'entendait que spéculer sur un évènement incertain, l'arrivée ou la non-arrivée du navire au port de destination. Dans l'assurance que le Code a réglementée, il est au contraire indispensable qu'il y ait des marchandises valant la somme exposée aux risques de la mer.

Bien que l'art. 1966, qui énumère les diverses exceptions posées par le législateur à la règle en vertu de laquelle tous les jeux sont prohibés, ne contienne

aucune mention du pari, pour le déclarer valable, alors
qu'il intervient à propos des jeux d'adresse corporelle,
tout le monde s'accorde à généraliser et à étendre la
faveur de cet article au pari comme au jeu. M. Siméon
le dit formellement dans son rapport au Tribunat; il
avoue que le pari a les mêmes vices originels et renferme les mêmes dangers que le jeu; il reconnaît que,
comme le jeu, le pari ne donne aucune action au gagnant, lorsqu'il n'a de base que la recherche et l'amour
du gain. Toutefois, il ajoute que, comme le jeu aussi,
il est toléré et muni de sanction civile, lorsqu'il a un
objet raisonnable ou plausible; lorsqu'il est fait à l'occasion d'actes de force ou d'adresse, et qu'il n'est pas
immodéré. Tel est pareillement le système de la loi 3,
du titre de Aleatoribus, au Digeste.

Comme le jeu, enfin, le pari n'a rien d'immoral en
lui-même; il peut servir d'amusement honnête; mais
il devient répréhensible aussitôt qu'il se transforme en
spéculation intéressée. Il n'est licite que dans une seule
circonstance; il ne produit d'action en justice que dans
un seul cas : celui de l'art. 1966; mais nous devons
nous souvenir que cet article, lui-même, a posé une limite à la faveur qu'il accorde. Pour que le jeu et le pari
soient dignes d'être sanctionnés légalement, il faut
qu'ils n'excèdent pas les règles de la convenance et ne
tournent pas à la prodigalité, à la dissipation, à la folie;
il est nécessaire que les sommes exposées par les joueurs
et les parieurs ne soient pas exagérées. Malheureusement, il est certain que de graves abus se produisent
tous les jours. Nous avons emprunté à l'Angleterre une

coutume qui donne lieu à des excès très fréquents et qui ne sauraient être trop sévèrement blâmés. Les paris sur les courses de chevaux ont pris une extension funeste. La mode y pousse les esprits, et d'une chose utile on a fait une source de périls pour la sûreté des familles. Les Anglais nous ont communiqué cette manie; leur exemple a été pernicieux, et l'on assure qu'il est maintenant dépassé.

Mais il est un autre genre de pari qui est bien plus redoutable encore que ceux dont nous venons de nous occuper, parce qu'il touche à des matières mille fois plus importantes. « Les annales de notre ancienne jurisprudence, écrit M. Troplong (1), font mention de beaucoup de paris puérils, et qui n'ont de remarquable que la frivolité des parieurs. La nouvelle, au contraire, nous montre le développement de combinaisons plus relevées et plus ingénieuses, et qui, appliquées aux variations du cours de certains objets de commerce, sont devenues un moyen systématique de *jouer en grand*. Ces paris sont ce qu'on appelle, dans le style des spéculateurs, jouer sur les différences. Beaucoup de gens en font aujourd'hui métier. C'est une industrie bâtie sur le vent de la fortune. Elle enrichit en un jour; elle ruine de même. »

Les jeux de Bourse rentrent, en effet, sous l'application directe des art. 1965, 1966 et 1967 du Code Napoléon. Voilà pourquoi nous devons en parler ici avec le soin et l'étendue que comporte la matière.

(1) N° 97.

Qu'est-ce, d'abord, que les jeux de Bourse ? On en a présenté plusieurs définitions. Celle de M. Mollot nous semble préférable (1).

« On entend par jeux de Bourse les spéculations faites sous la forme d'achats et de ventes à terme, mais fictivement et sans caractère sérieux. Dans ces sortes de marchés, les parties ne veulent ni fournir, ni prendre livraison ; elles ne le pourraient pas, le plus souvent, parce qu'elles n'ont pas les effets pour les livrer, ni les fonds nécessaires pour recevoir la livraison de ces effets. De pareils marchés doivent, dans l'intention des parties ab initio, se résoudre en différences de cours que l'une ou l'autre paiera, selon la hausse ou la baisse survenue à l'échéance du terme convenu. Ils ne reposent, en un mot, que sur le hasard le plus aveugle, tels que sont le jeu ordinaire et le pari de droit commun. »

Les opérations de Bourse sont improprement appelées jeux ; c'est paris qu'il faudrait dire, parce qu'elles sont de véritables paris sur la hausse ou la baisse des effets publics.

Le sujet que nous entreprenons de traiter est très délicat, nous l'avouons d'avance. Il nous est peu familier ; nous sommes complètement étranger à ce qu'on nomme la science des spéculateurs, et nous en ignorions, naguère encore, jusqu'au langage. Toutefois, il nous a semblé qu'il était bon de savoir ce que signifie le mot moderne, la Bourse, et comment les jurisconsultes ont apprécié les négociations qui s'y engagent. Notre tra-

(1) Nº 450.

vail n'a qu'un but, celui de déterminer quelle est la
position des jeux de Bourse en face de la loi. Nous lais-
sons à d'autres le soin de décider ce qu'il faut penser
de leur utilité et du profit qu'ils rapportent à l'Etat ;
l'économie politique n'est pas de notre compétence.

La Bourse, d'après l'art. 71 du Code de Commerce,
est la réunion qui a lieu, sous l'autorité de l'empereur,
des commerçants, capitaines de navire, agents de change
et courtiers.

On entend aussi par Bourse, le lieu officiellement
consacré à cette réunion.

L'origine des Bourses de commerce est très ancienne.
Tite-Live nous apprend qu'il existait à Rome des as-
semblées de marchands, collegia mercatorum, qui se
tenaient dans un vaste monument dont on montre aujourd'hui encore les ruines, connues sous le nom de la
Loggia.

Le mot de Bourse fut emprunté à la Flandre, où il
paraît avoir été adopté dès le xvi⁰ siècle, par les négociants de Bruges ; mais on n'est pas d'accord sur son
étymologie. Suivant les uns, il viendrait de l'habitude
qu'avaient ces négociants de se réunir dans une maison
appartenant à la famille Van der Burse ; suivant les
autres, sur la porte de la même maison étaient sculptées
trois bourses, comme emblème, et c'est à l'enseigne du
logis que nous sommes redevables de l'appellation qui
s'est perpétuée, sans opposition, jusqu'à nous.

En France, la première Bourse fut instituée à Lyon.
Celle de Toulouse est la seconde dans l'ordre chronolo-

gique ; elle a été ouverte par un édit de juillet 1549 (1).
A Paris, l'établissement légal de la Bourse ne date que
de 1724.

Il y a deux sortes d'opérations de Bourse : les marchés au comptant et les marchés à terme.

Les marchés au comptant sont ceux dans lesquels la
livraison et le paiement s'effectuent sans autre délai
que celui qui est nécessaire à consommer la mutation
de propriété du vendeur à l'acheteur.

Les marchés à terme sont ceux dans lesquels, au
contraire, la mutation de propriété est retardée jusqu'à une époque réglée par la convention des spéculateurs. Le délai légal est de deux mois. A la Bourse, il
est ordinairement de quinze jours ou d'un mois ; il est
subordonné aux liquidations qui, pour les rentes, ont
lieu tous les mois, et pour les actions de chemin de fer
et les valeurs industrielles s'accomplissent de quinzaine
en quinzaine.

Les marchés au comptant ne sont guère accessibles
qu'aux capitalistes sérieux ; ils ne sont pratiqués que
par les gens qui ne vont pas à la Bourse, pour y spéculer, pour y tenter la fortune, mais pour y faire des pla-

(1) Nous remarquons les paroles suivantes de l'édit de 1549, et
nous aimons à les transcrire : « Comme notre bonne ville et cité de
Toulouse, pour la situation où elle est et la commodité des rivières,
est l'une des plus propres et convenables pour le trafic et exercice
du commerce... » — Voilà un éloge qui est certainement mérité.
Néanmoins, le rédacteur de l'édit ajoute que, malgré sa situation favorable, Toulouse n'a pas pris l'essor qui est dans sa destinée, et il
pense que la Bourse amènera d'excellents résultats, et fera de cette
ville une des places de commerce les plus importantes. — Ce vœu
s'est-il réalisé ?

cements utiles et sages. C'est le petit nombre. On a
calculé, en 1821, que les marchés à terme dépas-
saient cinquante fois au moins les marchés au comptant. En 1859, la proportion est devenue beaucoup
plus considérable, puisque dans une seule journée, par
exemple, à la Bourse de Paris, on négocie plusieurs
millions de rentes à terme, tandis qu'une négociation
de 300,000 fr. de rentes au comptant est considérée
comme un évènement extraordinaire (1).

L'agiotage s'est donc emparé des marchés à terme,
dont les combinaisons multiples s'adaptent facilement
aux plus honteux abus et sont le type, le moyen,
l'instrument des jeux de Bourse.

De même qu'il y a deux sortes principales d'opérations à la Bourse, il y a aussi deux classes d'opéra-
teurs.

Les premiers sont ceux qui se contentent de bénéfices légaux et ont pour but de faire des placements
avantageux sur l'État et les compagnies industrielles.
Possesseurs de capitaux, ils préfèrent les employer en
valeurs mobilières, qui leur produisent des dividendes,
des primes, des intérêts élevés, plutôt que de se procurer des immeubles dont les revenus sont toujours li-
mités et stationnaires. Ils ne vont à la Bourse que par
exception, par hasard, pour y surveiller les cours et
attendre le moment de réaliser leur gain. Les agents de
change, qui n'apprécient les clients qu'à l'importance

(1) M. Jeannotte-Bozérian, t. 1, p. 83.

du courtage, les estiment médiocrement (1); car ils ne sont pas pour eux la source de grands profits.

Les seconds font de la Bourse une occupation et un moyen d'existence. Ce sont les joueurs, les agioteurs (2), et enfin les coulissiers (3). Le nombre en est considérable. Voici comment Daguesseau les flétrissait. La peinture, pour être vieille, n'en est pas moins encore exacte; personne ne contestera la ressemblance des agioteurs du siècle dernier avec celle des agioteurs du nôtre.

« L'agiotage du papier a ce grand inconvénient que par un faux genre de commerce il diminue et affaiblit le véritable. Comme il ne faut pour y réussir ni talent, ni habileté dans les arts ou dans le commerce, ni travail, ni application pénible, ni même de bonne foi, et qu'il suffit d'avoir une malheureuse manœuvre d'usurier, qui consiste à se jouer de l'opinion des hommes

(1) M. Jeannotte-Bozérian, t. 1, n° 11.

(2) Le mot agiotage vient de l'italien, aggio, qui veut dire ajouté, plus-value. Chez les banquiers, l'expression agio signifie la différence qui existe entre la valeur nominale et la valeur réelle des monnaies, entre l'argent courant et le papier de banque, entre l'argent du pays et l'argent d'une nation étrangère. (Dictionnaire de Bescherelle). Cet agio s'appelle aussi change.

(3) M. Frémery, dans ses Études de Droit commercial, raconte ainsi l'origine de la coulisse :

« Dans un local précédemment consacré à la tenue de la Bourse de Paris, il se trouvait un couloir séparé par une cloison à hauteur d'appui du lieu où les commerçants étaient assemblés ; ce couloir se prolongeait jusqu'auprès du parquet des agents de change. C'est là que se réunissaient les personnes qui font, entr'elles et sans le ministère des agents de change, des marchés sur les effets publics. — On a appelé ce lieu la coulisse, et de là cette espèce de spéculateurs a conservé le nom de coulissiers »

et à tirer une espèce de crédit de leur imprudence et de leur crédulité, tous ceux qu'on regarde comme le rebut du commerce honorable, et qui n'auraient aucun crédit s'ils s'en mêlaient, ni aucun moyen de s'y avancer, viennent fondre de ce côté dans ce commerce honteux, et la fortune du public est livrée à tout ce qu'il y a de plus méprisable ou dans le négoce, ou dans les arts, ou dans les affaires.....

« Rien n'est plus opposé à l'esprit des plus saints législateurs, aux vues des plus grands politiques, et si l'on peut dire, à la loi de Dieu même, qui a condamné l'homme à gagner son pain à la sueur de son front, que d'introduire un nouveau genre d'industrie qui, sans peine, sans travail, sans application laborieuse, donne plus de richesse en un moment que les voies naturelles et ordinaires n'en donneraient en une année et souvent même en un siècle. »

Depuis l'éloquent Mémoire de d'Aguesseau, le contemporain du système de Jean Law, depuis la résistance du Parlement (1), qui ne recula point à exprimer hautement son indignation au sujet des tristes calamités dont furent affligées la dignité et la morale publiques, durant les trois années de 1717 à 1720, la magistrature moderne a toujours imité les nobles exemples que lui a légués l'ancienne, comme un patrimoine d'honneur et de gloire. Tandis que les novateurs se jettent au milieu des entreprises les plus insensées et s'efforcent d'entraîner à eux l'opinion, les sympathies, le goût, l'as-

(1) Il fut exilé à Pontoise.

sentiment de la foule, elle est restée fidèle aux traditions du passé et aux règles austères de la justice.
C'est dans son sein que se recrutent les plus zélés adversaires des jeux de Bourse, et il n'est pas de jour où
quelqu'un de ses membres ne fasse entendre, toutes les
fois qu'un procès relatif à ces opérations est porté devant
les tribunaux, des paroles de réprobation qui, grâce
au ciel! trouvent de l'écho dans bien des cœurs.

« Notre époque, disait dernièrement M. l'avocat-
général Barbier (1), est travaillée d'un mal trop certain : l'ardent amour des jouissances et l'impatience
d'acquérir la fortune qui les donne. De tout temps, le
jeu a été l'instrument de ces cupidités effrénées qui ne
sauraient attendre les résultats lents et honorables du
travail. Mais de nos jours, il a su prendre les formes
les plus diverses. Ingénieux Protée, il poursuit les
chances aléatoires dans tous les phénomènes nouveaux
de l'industrie et de la civilisation. Les marchandises,
les actions au cours variable, les effets publics, tout
est de son domaine, et ce dernier genre de valeurs excite particulièrement sa fiévreuse activité. »

Le jeu de Bourse est, en effet, le plus ardent, le
plus passionné, le plus émouvant de tous les jeux. Il
touche à la politique, aux combinaisons du hasard et
aux calculs de l'esprit, à l'adresse particulière des individus, à la fortune publique, aux entreprises commerciales, financières et industrielles de l'Etat; il est
plein d'imprévu et d'accidents; deux terribles enjeux

(1) Conclusions de l'affaire Moreau, voir le *Droit* du 23 novembre
1858.

y sont en outre exposés : l'honneur des familles et l'existence du joueur. On s'enrichit promptement à la Bourse, et malgré les sinistres fréquents qui ne manquent pas d'y éclater sans cesse, l'attrait du gain et l'espoir du succès y attirent chaque jour de nouveaux prosélytes.

Les joueurs se divisent en deux camps : celui des haussiers et celui des baissiers (1). Ils se livrent entre eux de véritables batailles, dans lesquelles l'avantage appartient quelquefois aux plus forts, c'est-à-dire aux plus riches, quelquefois aux plus habiles stratégistes ; le plus souvent l'issue de la journée dépend d'une nouvelle, d'un bruit, d'une rumeur sourde qui circule et se propage de groupe en groupe ; c'est à la Bourse que viennent converger tous les renseignements sur les événements vrais ou faux, supposés, devinés ou inventés, qui peuvent avoir une influence quelconque sur la destinée du pays, et dont les spéculateurs s'emparent aussitôt, pour les faire tourner à leur profit. Lorsque l'ho-

---

(1) « De même qu'autour des tables de roulette, il y a des gens qui mettent toujours sur la rouge, d'autres qui mettent toujours sur la noire ; de même que dans le corps médical, vous avez le docteur *Tant pis* et le docteur *Tant mieux ;* de même que dans le monde, vous avez des gens qui voient tout en rose et d'autres tout en noir ; de même qu'à côté des Héraclites qui ne cessent de pleurer, se montrent les Démocrites qui ne cessent de rire ; à côté des joueurs qui voient toujours la hausse, il y en a qui voient toujours la baisse.

« Cherchez, si vous le pouvez, l'explication du phénomène, j'y renonce ; je me borne à le constater. On est haussier ou on est baissier, par instinct, par organisation. C'est ce qui vous explique pourquoi, dans les circonstances les plus difficiles, au milieu des crises les plus formidables, quand on veut jouer à la Bourse, on trouve toujours un partner pour faire sa partie. » M. Jeannotte-Bozérian, t. 1, p. 23.

rizon politique est chargé de nuages, les jeux à la hausse et à la baisse prennent alors des proportions immenses; car ils sont alimentés plus que jamais par mille circonstances qui produisent les oscillations de la rente et les variations du cours, tandis que dans les temps de calme, les transactions n'ont pas autant de motifs pour s'animer. C'est de ce contraste qu'est résulté le néologisme par lequel on prétend qualifier l'importance de la Bourse, en assurant qu'elle est le *thermomètre* de la situation morale et matérielle de la France. Que la Bourse soit un indice, nous l'admettons; qu'elle soit un régulateur infaillible, nous ne le pensons pas; car il nous semble que là n'est pas toujours la preuve certaine de la prospérité ou du ralentissement des affaires, quand nous voyons que la cote de la plupart des effets négociés est due en grande partie à des manœuvres pratiquées par quelques hommes et non par la masse des citoyens.

Les oscillations de la rente tiennent à de nombreuses causes qu'il est bien difficile d'énumérer et d'indiquer une à une. Les principales, toutefois, sont celles qui se rattachent à l'état politique, soit intérieur, soit extérieur, de la nation. Les gouvernements se sont toujours efforcés de combattre les spéculations à la baisse; car elles nuisent essentiellement à leurs intérêts et contrarient la sécurité de leur administration. C'est ce que comprenait très bien le général Bonaparte, alors Premier Consul, et il s'en plaignait vivement à M. le comte de Mollien, dans une conversation qu'il eut avec lui à la Malmaison. Ne pouvant pas admettre que la Bourse eût la prétention de diriger les affaires du pays et de manifester son opposition aux actes du pouvoir constitutionnel, il disait avec sa vivacité de langage qui était un de ses talents, un de ses plus grands moyens de séduction sur l'esprit de ses interlocuteurs :

« Sous un gouvernement qui ne veut que la gloire et la prospérité de la France, la hausse des effets publics devant être naturellement progressive, il ne devrait plus y avoir de spéculations à la baisse. Ne doit-on pas regarder comme des malveillants ceux qui, pour avilir les effets publics, offrent d'en livrer, dans un délai convenu, des quantités considérables à un cours plus bas que celui du jour? Je demande si l'homme qui offre de livrer, dans un mois, à 38 francs, des rentes 5 0/0, par exemple, qui se vendent aujourd'hui au cours de 40 fr., *ne proclame pas* et ne prépare pas le discrédit; s'il n'annonce pas, au moins, que, personnellement, il n'a pas confiance dans le gouvernement, et si le gouvernement ne doit pas regarder comme son ennemi celui qui se déclare tel lui-même? »

M. le comte de Mollien lui répond :

« Si vous me permettez, général, de donner quelques développements à mes idées sur la Bourse, je la comparerais à *une grande maison de jeu*, dans laquelle se trouvent aussi des gens qui ne sont pas en état de tenir les fonds des parties, et qui se bornent à parier pour ou contre tel joueur. Je demande si l'on pourrait attribuer à ces paris quelque influence sur l'évènement des parties : assurément non. Sans doute, plusieurs de ceux qui fréquentent la Bourse y font des paris pour

la baisse ; mais ce n'est pas parce qu'il est ainsi parié
que la baisse arrive ; elle aurait également eu lieu, et
par des causes très indépendantes de leur intervention. »

La comparaison est juste en un point, fausse pour
l'autre. Oui, la Bourse est une grande maison de jeu.
Néanmoins il est peu rationnel de soutenir que les parieurs à la baisse soient assimilables aux gens qui se
bornent à parier en faveur de telle ou telle personne
qui tient les cartes entre ses mains ; car les premiers
ont un rôle beaucoup plus actif que les seconds. Ils ne
se bornent pas à demeurer spectateurs immobiles. S'ils
ne font pas la baisse à eux seuls, ils la décident, ils
l'entraînent souvent par leur concours, par la panique
qu'ils réussissent à jeter dans l'esprit de la foule, par
la dépréciation qu'ils prédisent et qu'ils sollicitent par
leurs manœuvres.

Aussi le Premier Consul n'accepta-t-il pas l'explication de M. de Mollien.

« Je sais, répliquait-il, ce qui se passe à la Bourse
de Paris ; je juge les hommes par leurs actes, par les
motifs et les conséquences de ces actes ; je ne dis pas
qu'on y prêche la révolte, mais souvent on y donne une
fausse direction à l'opinion publique, sinon par esprit
de parti, au moins par un intérêt moins relevé et qui
n'est pas moins dangereux. »

Une fausse direction à l'opinion publique, voilà un
des plus graves inconvénients de l'agiotage. Les craintes du général Bonaparte n'étaient que trop fondées ; il
avait deviné le mal, il avait analysé les divers sys-

lèmes des joueurs, et les évènements ont rendu plus
d'une fois justice à ses idées; car, indépendamment
des dangers auxquels sont exposés les intérêts privés
des joueurs, les jeux de Bourse renferment encore de
graves abîmes où peuvent s'engloutir quelquefois les
intérêts publics de la patrie.

S'il est vrai pourtant que la Bourse soit dangereuse
sous plusieurs points de vue, nous ne pousserons pas
la comparaison de M. de Mollien jusqu'à l'exagération,
et nous reconnaissons que des spéculations sérieuses,
honnêtes, utiles, indispensables même, peuvent y
prendre place à côté des spéculations coupables et délictueuses. Il serait téméraire de confondre deux choses
bien opposées : la spéculation commerciale, indus-
trielle ou financière, et l'agiotage. La spéculation est le
fondement du crédit, l'agiotage en est la ruine.

« La spéculation est la conception intellectuelle des
différents procédés par lesquels le travail, le crédit, le
transport, l'échange, peuvent intervenir dans la production. C'est elle qui recherche et découvre, pour
ainsi dire, les gisements de la richesse, qui invente
les moyens les plus économiques de se la procurer,
qui les multiplie, soit par des façons nouvelles, soit
par des combinaisons de crédit, de transport, de circulation, d'échange, soit par la création de nouveaux
besoins, soit même par la dissémination et le déplace-
ment incessant des fortunes. Elle se trouve donc au-
dessus du travail, au-dessus du capital, au-dessus du
commerce et de leurs innombrables variétés (1) »

(1) M. Proudhon, Manuel des spéculateurs à la Bourse, p. 4.

L'agiotage est l'abus de la spéculation : corruptio optimi pessima.

La spéculation est essentiellement aléatoire; elle est obligée d'attendre sa sanction de l'expérience. Elle comporte des risques; elle comporte aussi une rémunération, un bénéfice, une plus-value, de l'agio enfin. Or, c'est précisément cet agio qui sert de prétexte à l'excès.

L'agio est légitime, lorsqu'il est la compensation du résultat aléatoire de la spéculation productive; il est illégitime et immoral, lorsqu'il est recherché pour lui-même, abstraction faite de toute production.

Un ingénieur construit une machine dont il a conçu l'idée. Il dépense des sommes considérables en études et en essais. Réussira-t-il? Ne réussira-t-il pas? — Si oui, sa fortune peut être décuplée; si non, il perd tout. Voilà un exemple de spéculation.

Un individu, qui n'est ni industriel, ni commerçant, ni propriétaire, parie que le blé, vendu 20 fr. l'hectolitre pendant le mois de juillet, se vendra 25 fr. sur les marchés du mois d'août. Qu'il perde ou qu'il gagne, peu importe au commerce et à la fortune publique. Qu'a-t-il produit? Quel est l'avantage de son pari pour la société? Il n'y en a aucun (nous ne nous occupons pas ici du côté immoral et pernicieux de la convention). Le marché ne sera pas plus riche ou plus pauvre; il ne lui aura rien apporté et rien retiré. Voilà un exemple d'agiotage (1).

(1) M. Proudhon a très bien fait ressortir les différences de la spéculation et de l'agiotage. Nous lui avons emprunté ces définitions,

L'agiotage est tantôt un simple pari, tantôt un pari mêlé de combinaisons, de calculs et de procédés destinés à contrebalancer la force aveugle du hasard.

M. Frémery, dans ses Etudes de Droit commercial, cite deux des procédés qui sont le plus fréquemment usités par les agioteurs.

Un individu a dans ses magasins une grande quantité de marchandises. Il réalisera d'importants bénéfices, si la hausse se manifeste au jour de la revente. Mais la hausse est subordonnée à des circonstances qui peuvent lui être contraires. Il travaille à les éloigner. Dans ce but, il vend peu à peu de petites quantités de marchandises, avec une hausse progressive, à des prête-noms qui les lui recèdent immédiatement; en un mot, il n'opère pas de tradition, il conserve la propriété des objets vendus, et les ventes ne sont que simulées. Ces ventes, adroitement échelonnées et publiées, réussissent quelquefois à produire une hausse factice, et alors il écoule ses marchandises à des conditions avantageuses, parce qu'il a élevé lui-même le cours de la place jusqu'au chiffre qui lui est nécessaire pour obtenir le gain qu'il en attend.

Un autre individu a acheté également, mais à terme, une grande quantité de marchandises. Pendant le délai fixé pour l'exécution du contrat, il fait acheter au comptant, par ses agents, toutes celles qui existent sur le marché. Quand arrive l'époque de l'échéance, il réclame la livraison qu'il a stipulée. Puisqu'il possède tout ce qui est sur la place, ses vendeurs sont incapables de satisfaire à leurs obligations. Il est donc maître

du cours, et c'est lui qui tire de ses magasins, pour les
leur revendre à un taux supérieur, les objets qui doivent encore lui revenir à des conditions moins élevées.
C'est ce qu'on nomme l'accaparement.

A la Bourse, l'accaparement est bien difficile. La fortune d'un seul spéculateur ne suffit pas à acquérir la
totalité de telle ou telle espèce d'effets. Cependant, depuis l'établissement de certaines compagnies qui dis-
posent d'immenses ressources, grâce à l'association des
capitaux, il est possible, sinon d'accaparer entièrement toutes les actions d'un chemin de fer ou d'une entreprise quelconque, au moins de se rendre maître du
cours, en les accumulant entre les mêmes mains et en
les rendant plus rares sur la place. C'est, d'ailleurs, ce
qui est arrivé quelquefois (1).

Nous serions entraîné beaucoup trop loin, si nous
voulions retracer toutes les combinaisons infinies et ca-
pricieuses auxquelles s'adaptent les jeux de Bourse,
suivant la fantaisie des joueurs. C'est pourquoi nous devons nous contenter de porter notre étude sur les marchés à terme proprement dits.

Nous avons déjà présenté, d'après M. Mollot, la définition des marchés à terme. Il y en a de plusieurs
sortes. En voici la classification :

1° Les marchés à terme sérieux ;

2° Les marchés à terme fictifs ;

3° Les marchés fermes ;

---

(1) Nous verrons bientôt qu'au siècle dernier, un sieur d'Espagnac
avait accaparé toutes les actions émises par la célèbre Compagnie des
Indes ; mais jamais un fait pareil ne s'est renouvelé.

4° Les marchés libres ;

5° Les arbitrages.

Les marchés à terme sont sérieux, quand ils sont conclus par des spéculateurs de bonne foi, qui se soumettent aux prescriptions du législateur et qui vendent ou achètent réellement des effets cotés à la Bourse.

Les marchés à terme sont fictifs, quand ils interviennent entre des joueurs qui ne se proposent ni achat, ni vente ; ni acquisition, ni translation de propriété. L'opération est purement fictive, en ce sens que les effets publics lui servent de point de repère, sans être l'objet d'aucune mutation ; elle est à terme, en ce sens que les parties fixent un délai à leur convention, pour attendre la variation des cours.

Les marchés fictifs prennent le nom de marchés fermes, lorsque le terme est déterminé irrévocablement et que la différence des cours du jour de la vente et du jour de la tradition simulée forme la seule base de la négociation. Primus vend fictivement à Secundus, qui achète fictivement aussi, 2,250 fr. de rente à livrer pour la fin du mois courant. A l'échéance, si le cours a haussé, la différence entre ce cours et celui du marché sera payée par Primus, le vendeur ; si le cours a baissé, elle sera payée par Secundus, l'acheteur ; si Primus était obligé de lever les titres vendus pour les livrer à Secundus, il les paierait au prix du cours nouveau, et il serait en perte ; si Secundus était obligé de recevoir les titres vendus, il les paierait plus cher, puisque nous supposons que le cours a baissé, et il serait également en perte. Au lieu de lever les titres, les joueurs se comptent les différences qui constituent le résultat pécuniaire de l'opération.

Ainsi, par exemple, les 2,250 fr. de rentes vendues étaient des rentes de 4 1/2 0/0 cotées à 105 fr. A l'échéance, le cours est monté à 106 fr. Le vendeur paiera à l'acheteur la différence de 1 fr. par 4 fr. 50 de rente, c'est-à-dire 500 fr. pour le tout. Que si vous supposez, au contraire, une diminution de 105 à 104 fr., l'acheteur devra au vendeur 500 fr. de différence.

On appelle marchés libres ou à prime ceux qui, tout en reposant sur les mêmes données que les marchés fermes, tout en ayant pour base la stipulation d'un paiement de différences réglementées par la hausse ou la baisse du cours postérieur, contiennent une clause spéciale en vertu de laquelle le joueur a la faculté de renoncer à l'opération, avant qu'elle ne soit terminée.

Les marchés fermes sont très périlleux, puisque les contractants s'engagent d'avance à en subir toutes les conséquences aléatoires. On y a remédié par les marchés libres. Dans ces marchés, au moyen d'une somme ou prime payée dès la formation du contrat, l'acheteur acquiert un double droit : 1° il est libre d'exiger l'exécution du marché, si les cours lui sont favorables ; 2° il est libre aussi de renoncer au marché, si les cours lui sont défavorables ; mais alors il fait l'abandon de la prime qu'il a remise au vendeur.

Les arbitrages sont des opérations qui consistent à spéculer, tout à la fois comme vendeur sur des effets d'une certaine nature, par exemple, la rente à 3 0/0, et, comme acheteur, sur des effets d'une autre nature, par exemple, la rente à 4 0/0, afin de balancer par le bénéfice de la vente la perte de l'achat. De telles opérations sont assez complexes ; il n'est pas rare de voir les joueurs, malgré ces précautions qu'ils assurent être pleines de sécurité, s'y ruiner deux fois plus vite (1).

LÉGISLATION DES MARCHÉS A TERME.

A la mort de Louis XIV, la situation financière de la France était si déplorable que le duc de Saint-Simon, emporté par sa haine de race contre les traitants et persuadé que le peuple applaudirait à leur ruine, proposa au Régent d'assembler les États généraux, pour leur faire déclarer une banqueroute. Le conseil était violent; il ne pouvait pas être écouté ; mais, si la banqueroute fut dissimulée et niée officiellement, elle existait en réalité au fond des choses. La dette publique était immense. Personne ne devait se flatter de réussir à la combler, tant que de nouveaux moyens de crédit ne seraient pas imaginés ; car les dépenses annuelles s'élevaient à 243 millions, tandis que les recettes n'atteignaient que le chiffre de 186 millions qui se trouvaient en outre dévorés, deux années à l'avance, par suite du passif qui les grevait et les absorbait, avant qu'elles n'entrassent dans les caisses du Roi. Puis il fallait encore retrancher de ces 186 millions, les prélèvements exercés par les fermiers des impôts, et l'on ignore pas combien ils étaient considérables.

(1) M. Mollot, n° 451.

La crise augmentait tous les jours. Le Régent eut
recours un moment, pour la conjurer, aux mesures les
plus arbitraires et les plus tyranniques (1715). L'argent
manquait partout. Il voulut tirer 220 millions des gens
de finance. Il les poursuivit avec une vigueur qui était
peu habituelle à la mollesse et à l'indulgence de son
caractère. On dressa des listes de proscription ; on créa
une chambre de justice extraordinaire, qui fut entourée
d'un appareil de terreur jusqu'alors inconnu. On donna
des primes aux dénonciateurs; on rechercha, on traqua les usuriers, toujours si décriés et si redoutés par la
nation, qui les accusait d'avoir engendré les désastres
présents, en dévorant la fortune publique à l'aide
d'exactions incessantes. Néanmoins, le but que l'on
cherchait ne fut pas atteint. La vengeance seule réus-
sit; les prisons se remplirent. Quelques traitants se sui-
cidèrent ; beaucoup furent assez heureux pour fuir à
l'étranger. Avec eux disparurent les capitaux et le luxe.
Enfin, la rançon ne fut pas payée. 15 millions seulement
entrèrent dans le Trésor; des sommes importantes devinrent la proie des maîtresses et des compagnons de
débauche du duc d'Orléans, et le mal s'aggravait plus
que jamais.

C'est alors que parut le banquier écossais, Jean
Law (1), qui se chargea de procurer des ressources
inépuisables au gouvernement; il promit d'accomplir
une révolution complète dans les finances, de dimi-

_____

(1) Il s'était déjà adressé à Chamillard, qui ne l'avoit pas compris,
et à Desmarest, qui allait mettre à exécution ses projets, quand
Louis XIV mourut.

nuer les dépenses et les impôts, d'éteindre la dette,
enfin de développer très rapidement la richesse et la
prospérité du pays tout entier. Il fut accepté comme un
libérateur.

On sait combien, à cette époque, était grande l'ignorance de la France en matière financière; ni les ingénieuses combinaisons du contrat de change, ni le
système des banques qui, depuis longtemps produisaient d'admirables résultats en Angleterre, en Hol-
lande, en Italie, en Suède, n'étaient connus chez
nous. Toute la science des capitalistes se bornait aux
funestes pratiques de l'usure. Law s'était engagé à
créer une puissance nouvelle, le crédit. Il est inutile
de raconter, après le livre de M. Oscar de Vallée (1),
comment il parvint à communiquer à la nation une
fièvre incroyable, universelle, populaire, irrésistible,
et comment de la rue Quincampoix, de la rue Saint-
Martin, de l'hôtel de Soissons, le siège de l'agiotage,
la passion se répandit avec la rapidité de la foudre dans
toutes les provinces du royaume(2). Mais la prospérité

(1) Les Manieurs d'argent.
(2) M. Oscar de Vallée cite une lettre de l'évêque de Castres, qui
prouve que les conséquences du système se faisaient sentir jusque
dans le Midi. — « Un incendie considérable ayant éclaté à Rennes
et y ayant causé de grandes pertes, le secrétaire d'État La Vrillère
avait écrit aux évêques pour qu'ils recueillissent dans leurs diocé-
ses, des mains de la charité, des secours abondants contre ce malheur... L'évêque de Castres lui répondit par des cris de détresse et
par une peinture éloquente et simple de la misère générale causée
par le système. — L'inondation de ces papiers, s'écrie-t-il, a fait
presque autant de mal dans nos cantons que les flammes en ont pu
faire dans la Bretagne.—Qu'importe que nos maisons n'aient pas été
réduites en cendres, si, de tout ce que nous avions de plus néces-

de Law dura bien peu de temps. Son système éphé-
mère, si brillant au début, s'écroula bientôt, en en-
traînant dans sa ruine les imprudents qui avaient été
séduits par ses pompeuses réclames, ses manœuvres
coupables, ses fraudes commises sous le patronage du
gouvernement.

. Au lieu de réaliser les promesses qu'il avait annon-
cées, il aboutit à de terribles catastrophes dont les familles furent longtemps affligées et dont l'Etat reçut
nécessairement le contre-coup. Enfin, le 4 décembre
1720, Law prenait la fuite, maudit par tous ceux qui,
d'abord, s'étaient humblement prosternés devant
lui (1).

On ne peut méconnaître que la ruine du système de
Law ait augmenté la détresse du Trésor, déjà si grande
avant le malheureux essai qui fut tenté pour relever
les finances du pays. Il est vrai pareillement qu'il ex-
cita la cupidité, la corruption, le goût des jouissances
matérielles; il déprava les hautes classes de la société,
qui ne cherchèrent plus qu'à s'enrichir par des spéculations aléatoires. Néanmoins, puisque nous avons été

saire, il ne nous reste qu'une matière qui n'est propre qu'à être jetée
au feu? — Plus de commerce, plus de travail, plus de confiance,
plus de ressources, ni dans l'industrie, ni dans la prudence, ni
dans l'amitié, ni dans la charité même... Encore si l'on nous demandait des billets, nous n'aurions que trop de facilité d'en fournir,
mais on veut des espèces, et nous n'en avons plus ici. »

(1) Si nous n'avions pas craint d'outrepasser le cadre de notre travail, nous aurions eu grand plaisir à retracer la lutte du chancelier
D'Aguesseau contre les théories de Law; mais, depuis les Messieurs
d'argent, de M. Oscar de Vallée, il n'y a plus rien à dire sur cette
intéressante étude, qui a été savamment approfondie par cet éminent magistrat

amené par notre sujet à exposer quels désastres il
multiplia dans les fortunes privées et dans la fortune
publique, nous devons constater, en même temps, que
le bouleversement dont il donna le signal fut, par la
suite, la source d'immenses avantages, et il est juste
de lui en tenir compte. Suivant l'opinion de la plupart
des historiens et des économistes modernes, il ne ruina
pas la France; il ne fit que déplacer les biens de la nation. Ensuite, il mobilisa la richesse qui était auparavant dans le sol et restait entre les mains des mêmes
individus. C'est depuis Law que la fortune mobilière
a pris naissance; c'est depuis Law que le meuble est
monté au rang de l'immeuble et l'a surpassé. Vilis
mobilium possessio ; c'était l'ancienne maxime du
Droit. L'étendue des valeurs mobilières, c'est la conquête moderne. A partir de ces temps orageux, lorsque
le calme se fut rétabli, les fortunes ont suivi les variations du commerce et de l'industrie, et se sont délivrées
de l'immobilité des siècles précédents. Le commerce
maritime en obtint aussi une impulsion salutaire, qui
nous procura de magnifiques établissements dans les
colonies. Enfin, les provinces centrales en éprouvèrent
un ébranlement utile. Les pays pauvres et indolents,
où l'argent était rare et les produits stériles, s'animè-
.rent de la vie commune.

Pendant quelque temps, la fureur de l'agiotage
s'était apaisée ; mais elle ne tarda pas à engendrer de
nouveaux excès. Le goût de la spéculation avait été
communiqué trop largement et avait allumé trop de
convoitises pour qu'il s'éteignit entièrement, et bientôt

les agioteurs recommencèrent à se livrer à leurs coupables manœuvres. Alors on s'occupa à contenir l'envahissement de ces idées nouvelles, et l'on rendit contre l'agiotage une succession de dispositions pénales qu'il nous faut analyser une à une.

L'arrêt du Conseil d'Etat du 24 septembre 1724 est le premier document législatif qui ait été rendu sur les opérations de Bourse. Il établit le lieu consacré pour la négociation des effets publics, et institue la compagnie des agents de change, auxquels il confère le privilége exclusif de présider à la vente et à l'achat de ces effets. Il a pour but principal, pour but hautement proclamé, de détruire les ventes simulées, et il supprime indirectement tous les marchés à terme, quels qu'ils soient, sérieux ou non sérieux, fictifs ou non fictifs.

Son art. 29 mérite d'être cité textuellement : « A l'égard des négociations de papier commerçable et autres effets, elles seront toujours faites par le ministère de deux agents de change, à l'effet de quoi les particuliers qui voudront acheter ou vendre des papiers commerçables et autres effets, remettront l'argent ou les effets aux agents de change, avant l'heure de la Bourse, sur leur reconnaissance portant promesse de leur en rendre compte dans le jour. »

L'art. 30 enjoint aux agents, dès qu'ils sont d'accord sur une négociation, de se donner réciproquement à eux-mêmes leurs billets portant promesse de se fournir dans le jour, savoir : par l'un les effets négociés, et par l'autre le prix desdits effets.

. Ainsi, l'arrêt de 1724 ne prononce pas expressément l'interdiction des marchés à terme ; mais il résulte de la combinaison des deux dispositions des art. 29 et 30, qu'aucun marché à terme ne pourra plus avoir lieu désormais, puisque les clients sont obligés de déposer leurs titres entre les mains des agents, *avant l'heure de la Bourse*, et que les agents sont obligés de leur côté à leur en rendre compte, *dans le jour*, puis à se fournir réciproquement, *dans le jour encore*, les effets négociés et l'argent qu'ils ont reçu.

L'art. 20, en voulant que les clients remissent l'argent ou les effets aux agents de change, empêchait les opérations à découvert ; en voulant que les agents de change se rendissent des comptes réciproques dans le jour de la négociation, l'art. 30 empêchait les opérations à terme.

M. Jeannotte-Bozérian nous fait remarquer ici qu'il ne serait pas douteux, si la législation de 1724 n'avait pas été modifiée, que la question relative à la validité des marchés à terme serait définitivement tranchée ; car leur mécanisme est inconciliable avec ses prescriptions. Mais l'arrêt du 24 septembre ne tarda pas à tomber en désuétude ; il ne survécut pas aux circonstances qui l'avaient produit. Cependant, nous allons rechercher s'il a cessé absolument d'être en vigueur et jusqu'à quel point il doit rester inapplicable.

Ce qu'il y a de certain d'abord, c'est qu'une longue inaction le suivit. De 1724 à 1785, nous n'entendons plus parler d'opérations de Bourse et de trafics illicites. On laisse à la coutume commerciale sa liberté d'allu-

res, sans la gêner et sans contrôler ses actes. Les abus
ne s'étaient-ils pas renouvelés ? Nous n'en savons rien.
Les marchés à terme furent-ils constamment négligés
par tous les joueurs? Cela est peu probable. Quoi qu'il
en soit, le gouvernement eut un jour à se repentir de
sa tolérance.

A l'occasion de l'emprunt contracté par Louis XVI,
sous le ministère de M. de Calonne, l'agiotage se ranima
aussi ardemment que par le passé. Les coulissiers, qui
avaient déjà contracté leurs manières d'agir, se réunissaient dans les cafés, s'y livraient à des opérations
clandestines et avaient amené une baisse considérable.
Le contrôleur général, après avoir inutilement essayé
de lutter contre le courant des spéculateurs qu'il voulait entraîner à la hausse, se rappela l'édit du 24 septembre 1724; il fit rendre trois arrêts successifs qui
devaient arrêter la marche des jeux et l'envahissement
des compromis désordonnés que les joueurs pratiquaient
au détriment de la stabilité des fonds publics.

Ces trois arrêts sont datés du 7 août, du 2 octobre 1785, et du 22 septembre 1786.

L'arrêt du 7 août rappela plusieurs des mesures de
l'arrêt de 1724 ; il insista, notamment, sur la proscription de la coulisse et sur le privilége exclusif des agents
de change.

« Le roi est informé, dit le préambule, que depuis
quelque temps il s'est introduit dans la capitale un genre
de marchés ou de compromis aussi dangereux pour les
vendeurs que pour les acheteurs, par lesquels l'un
s'engage à fournir, à des termes éloignés, des effets

qu'il n'a pas, et l'autre se soumet à les payer sans en
avoir les fonds, avec réserve de pouvoir exiger la livraison avant l'échéance, moyennant l'escompte..... »
— Voilà bien le marché à terme. Après l'avoir défini,
le préambule le qualifie sévèrement : « C'est un agiotage honteux que tout sage commerçant réprouve, qui
met au hasard les fortunes de ceux qui ont l'imprudence de s'y livrer, détourne les capitaux de placements
plus solides et plus favorables à l'industrie nationale,
excite la cupidité à poursuivre des gains immodérés et
suspects, substitue un trafic illicite aux négociations
permises. » Cependant il ne faut pas croire, malgré ces
expressions pompeuses, que l'arrêt du 7 août se soit
proposé de supprimer tous les marchés à terme. Il établit seulement une différence entre les vendeurs et les
acheteurs ; il ne se préoccupe que des parieurs à la
baisse, parce qu'ils nuisent aux intérêts du Trésor. Re-
venant, d'ailleurs, sur la faute commise en 1724 et se
gardant de tomber dans la même exagération, esti-
mant que le maintien des marchés à terme présentait,
au point de vue de l'intérêt du gouvernement, d'incon-
testables avantages, il trouve une combinaison qui empêche, il est vrai, les ventes à découvert, mais laisse
toute facilité aux achats de ce genre.

C'est ce qui résulte de l'art. 7, par lequel Sa Majesté
déclare seulement nuls « tous les marchés et compromis d'effets royaux quelconques qui se feraient à terme
et sans livraison desdits effets, ou sans le dépôt réel
d'iceux, constaté par acte dûment contrôlé, au moment
même de la signature de l'engagement. » — Et plus

loin : « Défend très expressément Sa Majesté d'en faire de semblables à l'avenir, à peine de 24,000 livres au profit du dénonciateur et d'être exclu pour toujours de l'entrée de la Bourse, ou si c'étoient des banquiers, d'être rayés de la liste. »

M. Troplong fait très bien saisir le sens de l'arrêt du 7 août. Au moyen des marchés à terme, les spéculateurs étaient arrivés à vendre plus d'effets publics qu'il n'en existait réellement. Or, on espérait, à l'aide de la formalité du dépôt et du contrôle, prévenir le retour d'une fraude accomplie au préjudice d'un certain abbé d'Espagnac, qui était parvenu à accaparer toutes les actions de la Compagnie des Indes, au nombre de 40,000, et qui avait été ensuite odieusement trompé lui-même ; car on lui en avait vendu 8,665 de plus que cette Compagnie n'en possédait !

En résumé, l'édit du 7 août autorise les marchés à terme, sous la condition que le vendeur ait en sa possession les effets publics qu'il vend. La preuve de cette possession s'établira de deux manières : ou par la livraison immédiate, ou par la représentation d'un acte authentique qui constatera que les effets ont été consignés dans un dépôt quelconque. Les contrevenants sont punis d'une amende de 24,000 livres et de l'expulsion de la Bourse.

Quant aux achats à découvert, comme ils supposent nécessairement que le spéculateur joue à la hausse et que les spéculations à la hausse sont favorables au crédit de l'État, ils jouissent d'une indépendance absolue.

Il y avait progression sur l'arrêt de 1724 ; mais on

s'aperçut bientôt qu'on s'était encore montré trop rigoureux. En facilitant les achats, on avait trop restreint
les ventes ; or, un acheteur (cela est presque ridicule
à dire), ne peut acheter que s'il trouve un vendeur qui
veuille vendre. Nous venons de voir que les ventes se
trouvaient paralysées ; la conséquence immédiate était
donc que les achats se ressentaient aussi de la mesure
qui semblait pourtant ne pas devoir les atteindre. De
là une première modification au système qui précède,
bien que les marchés fictifs continuent toujours à être
condamnés.

Voici donc comment s'exprime l'arrêt du 2 octobre :

« Sa Majesté ne peut admettre qu'il soit permis de
tendre des piéges à la foi publique, en vendant ce qu'on
n'a pas, ce qu'on ne peut pas livrer, ce qui même
n'existe pas (allusion à l'aventure de l'abbé d'Espagnac) ;
il est évident que si de pareilles ventes sont nulles par
elles-mêmes, elles sont surtout intolérables lorsqu'elles
portent sur les effets publics, lorsqu'elles violent toutes
les règles prescrites pour leur négociation, lorsque sur
leurs bases fictives s'accumulent successivement une
foule d'engagements et de billets illusoires.... ; faire
envisager ces marchés comme n'étant, en définitive,
que des paris sur le cours éventuel de la place, ce n'est
pas les légitimer. Quand il serait permis de supposer
que la vigilance du souverain, qui s'étend jusque sur
la conservation des fortunes des sujets, dût fermer les
yeux sur toute espèce de jeux et de paris, pourrait-elle
souffrir que leur licence, se déguisant sous un faux ti-
titre, prît les caractères d'un contrat de vente, en dé-

naturât les conditions, et portât le trouble et la confusion dans les effets royaux ? » — Il est évident que les principes sont restés les mêmes. A deux mois d'intervalle, les idées de M. de Calonne n'ont pas changé ; mais, pourtant, afin de faciliter les ventes sérieuses, il dispense les vendeurs de la formalité facultative de la livraison ou du dépôt des titres, et la remplace par une formalité plus commode, plus utile : celle du dépôt chez un notaire des pièces probantes de la propriété. Le dépôt préalable dans un lieu déterminé et la livraison des effets publics imposée au moment même de la négociation, formaient des obstacles très graves à la consommation des affaires. Le législateur chercha un moyen d'accélérer les transactions : il crut que les intérêts publics seraient sauvegardés, si le vendeur était seulement obligé de déposer chez son notaire les pièces qui constateraient son droit aux effets négociés ; mais cette remise des pièces entre les mains du notaire était d'une exécution aussi difficile que la remise des titres entre les mains de l'acheteur. Elle gênait les parties, qui s'y soumettaient bien rarement ; et les deux arrêts de 1785 ne furent pas suivis d'heureux résultats.

Jusqu'ici les arrêts du Conseil ne se sont pas encore expliqués sur le délai des marchés à terme. Cette omission fut réparée par l'arrêt du 22 octobre 1786, qui dispose que le délai le plus éloigné de tous les marchés ne devra jamais excéder deux mois, à compter du jour de leur date.

Enfin, un dernier arrêt du Conseil, rendu le 14 juillet 1787, confirme les précédents et y ajoute deux

modifications importantes (1) : 1° il renvoie aux tribunaux, comme juges naturels des citoyens, l'appréciation des négociations illicites, qui avait d'abord été at-
tribuée au Conseil d Etat ; 2° il distingue, parmi les
agioteurs, ceux qui se seraient rendus coupables de
manœuvres et ceux qui n'auraient à se reprocher que
de l'indélicatesse. Il livre les premiers à la justice répressive ; il se contente d'abandonner les seconds aux
remords et à la honte de leur conscience.

Telle est donc la législation des dernières années de
notre ancienne monarchie (2). Elle permet les marchés
à terme ; en principe, elle les consacre et les munit de
sa sanction ; mais elle leur impose deux conditions
fondamentales par rapport à l'échéance, qui est fixée à
une limite extrême, infranchissable de deux mois, et
par rapport au dépôt préalable des titres ou des pièces
probantes, selon le gré des parties. En cas de contravention, les opérations sont frappées de nullité, et les
joueurs encourent une amende de 24,000 livres. Quant
aux acheteurs à terme, aucune prescription ne leur est
enjointe ; ils ne sont pas tenus de déposer les fonds avec
lesquels ils doivent, plus tard, payer les titres qu'ils
ont achetés.

Nous arrivons maintenant au droit intermédiaire. En

(1) M. Mollot, n° 453.
(2) Il faut remarquer, comme le reconnaissent du reste tous les
auteurs, que les arrêts du Conseil ne furent pas revêtus de lettres
patentes et enregistrés au Parlement ; mais, comme ils n'étaient que
le développement d'un édit du mois de janvier 1785, ils rentraient
dans les pouvoirs constitutionnels du Conseil d'Etat (sic, M. Troplong, n° 118).

premier lieu, nous signalerons la loi du 8 mai 1791, qui supprima le monopole des agents de change, en autorisant toutes personnes à exercer cette profession et celle de courtier, pourvu, toutefois, qu'elles se conformassent aux anciens règlements, jusqu'à ce qu'il en fût rédigé de nouveaux.

La loi du 6 floréal an III, après le régime de la Terreur, rouvrit les Bourses de commerce qui étaient restées fermées pendant les agitations des années précédentes. Aussitôt l'agiotage reparut. Une nouvelle proscription fut lancée contre lui par la loi du 13 fructidor suivant, qui prononça des peines exorbitantes contre « tout homme convaincu d'avoir vendu des effets ou marchandises dont, au moment de la vente, il ne serait pas propriétaire. » Ces peines consistaient dans une détention de deux années, dans le supplice de l'exposition en public, avec écriteau sur la poitrine, portant le mot : agioteur! et dans la confiscation de tous les biens du coupable au profit de la République.

La loi du 24 vendémiaire an IV inaugura un système tout différent de la théorie des arrêts du Conseil, qui s'étaient seulement préoccupés des ventes à découvert et avaient montré la plus déplorable faiblesse à l'égard des achats à terme.

Écoutons le préambule, dont le langage et les idées méritent de fixer notre attention :

« Considérant que celui-là est agioteur criminel, qui par choix met son intérêt en compromis avec son devoir, en faisant des opérations d'une nature telle qu'elles ne peuvent lui rapporter quelque bénéfice

qu'au détriment de la chose publique; que tel est le
cas de celui *qui achète à terme* des matières ou' espèces
métalliques, dans la coupable espérance que, le jour
où le marché se réalisera, les espèces auront haussé de
valeur, et que la monnaie nationale aura perdu la
sienne; que tel est encore le cas de celui qui, sans besoin de commerce, achète, accapare des lettres de
change sur l'étranger, dans l'espoir de les revendre
avec bénéfice, lorsque l'assignat sera déprécié; que
celui qui vend à terme, sans avoir des intentions aussi
blâmables, s'expose par son imprudence à produire les
mêmes effets, savoir : l'avilissement de l'assignat, le
renchérissement de toutes les marchandises et de tous
les objets de première nécessité. »

La loi du 28 vendémiaire an IV est la conséquence
de la loi du 6 floréal an III, qui s'était efforcée de rappeler le numéraire en or et en argent et l'avait élevé
à la hauteur d'une marchandise (1). Le gouvernement
de l'an IV, comme le dit avec raison M. Jeannotte-
Bozérian, dans son excellent Traité de la Bourse, t. t,
n° 274, se préoccupait surtout de rétablir l'équilibre
entre les espèces métalliques et les assignats. Il est évident que les acheteurs à terme poussaient à la hausse
des espèces métalliques et à la baisse des assignats,
tandis que les vendeurs poussaient à la hausse des assignats et à la baisse des espèces métalliques. Les

(1) Elle appelle en effet marchand'ses le numéraire en or et en argent. Cela est vrai : il a été démontré par la science économique
que le numéraire n'est pas un signe représentatif, mais une véritable marchandise que l'on échange contre les autres.

acheteurs à terme compromettaient donc la valeur de la monnaie de papier et nuisaient au crédit de l'Etat. Voilà pourquoi on les proclame plus immoraux, plus dangereux, plus redoutables que les vendeurs à terme. Il y a là un renversement dans les idées, qui s'explique naturellement par la différence des époques. Au temps des arrêts du Conseil, les acheteurs, poussant à la hausse, étaient tolérés et en quelque sorte encouragés ; les vendeurs étaient poursuivis et condamnés : les premiers sont maintenant flétris énergiquement ; les seconds ne sont pas tout-à-fait réhabilités ; mais on proclame qu'ils n'ont pas *des intentions aussi blâmables*. Cependant, les uns et les autres se livrent à des pratiques illicites. Ils sont par conséquent répudiés également par le législateur, qui proscrit d'une façon expresse tous les achats et toutes les ventes à terme, par l'art. 15 du chapitre 1er : « Il est défendu à toute personne de vendre ou d'acheter, ni de prêter son ministère pour aucune vente ou achat de matières ou espèces métalliques, à terme ou à prime ; aucune vente de ces matières ne pourra avoir lieu qu'au comptant, de cette sorte que les objets vendus devront être livrés et payés dans les vingt-quatre heures qui suivront la vente. »

L'art. 4 du chapitre 2 de la loi contient une disposition qui remet en vigueur les arrêts du Conseil : « Attendu que les marchés à terme ou à prime ont déjà été interdits par les précédentes lois, tous ceux contractés antérieurement au présent décret seront annulés, et il est défendu d'y donner aucune suite. » Les infracteurs encourront les peines de la loi du 13 fructidor an III.

De quelles lois veut-il parler? Entend-il se reporter seulement aux arrêts de 1785 et de 1786? Ou bien remonte-t-il jusqu'en 1724?

M. Troplong pense que les précédentes lois rappelées par l'art. 4 sont les trois arrêts de 1785 et de 1786 seulement. Il nous semble, au contraire, que les expressions de l'art. 15 du chapitre 1er sont trop formelles pour ne pas y voir le retour au système de 1724: aucune vente ne pourra avoir lieu qu'au comptant; de telle sorte que les objets vendus devront être livrés et payés dans les vingt-quatre heures! Y a-t-il possibilité de s'y méprendre? L'arrêt de 1724 n'en ordonnait pas davantage.

Le retour au système de 1724 apparaît encore sous le Directoire.

L'arrêté du 2 ventôse an IV, continuant à tenter de maintenir l'équilibre entre les espèces métalliques et les assignats dont la dépréciation était toujours très grande, impose au vendeur l'obligation de justifier qu'il est *actuellement possesseur* des objets à vendre et à échanger; bien plus, il veut que lesdits objets soient *déposés*, soit chez un agent de change, soit chez un notaire, et que le spéculateur se munisse d'un certificat de dépôt. C'est donc exactement le même mécanisme et les mêmes formalités.

Sous le Consulat, les injonctions de 1724 sont implicitement conservées par l'arrêté du 27 prairial an X, qui décide que « chaque agent de change, *devant avoir reçu de ses clients* les effets qu'il vend ou les sommes nécessaires pour payer ceux qu'il achète, est respon-

sable de la livraison et du paiement de ce qu'il aura
vendu et acheté. » (Art. 13). — S'il doit les avoir
reçus, c'est qu'il est obligé de les demander; c'est
aussi que les clients sont astreints à les lui remettre,
au moment où ils engagent leurs opérations; c'est enfin
que les marchés au comptant sont seuls possibles. D'où
il résulte forcément que l'arrêt de 1724 est ressuscité.

Nous voici, à présent, en face du Code Napoléon.
Nous n'y voyons que les art. 1965, 1966 et 1967 sur
le jeu et le pari. Aucun mot n'est prononcé sur les jeux
de Bourse, sur les paris relatifs aux effets publics.
Notre question n'y est pas traitée.

Quant au Code de Commerce, il garde un silence
aussi complet que le Code Napoléon sur les marchés à
terme. Cependant nous croyons qu'il les prohibe implicitement, et peut-être sans s'en douter, lorsqu'il
impose aux agents de change deux obligations fondamentales qui sont incompatibles avec les pratiques
dont ces marchés s'accompagnent. C'est aller pourtant
un peu trop loin que d'affirmer qu'il n'a pas eu conscience des mesures qui sont prises par les art. 85 et 86;
car, lorsque le Tribunat fut appelé à donner son avis
sur la règle du second paragraphe de l'art. 85, il proposa de la supprimer, sous le prétexte que tout agent
de change est réputé avoir reçu la valeur de ce qu'il
achète pour son client. Telle est la pensée de l'art. 13
de l'arrêté de l'an X. Le Tribunat la connaissait parfaitement et il ne la pensait pas abrogée. Quoi qu'il en
soit, l'art. 85 du Code de Commerce veut que les
agents de change ne puissent jamais ni recevoir, ni

payer pour le compte de leurs commettants, et l'art. 86 décide qu'ils ne doivent jamais se rendre garants de l'exécution des marchés dans lesquels ils s'entremettent. Comment concilier ces deux articles avec les marchés à terme ? Si l'agent de change n'a pas reçu l'argent ou les titres de la main de son client, comment ne s'exposera-t-il pas à payer lui-même et à fournir ainsi sa propre garantie, si plus tard le client devient insolvable? Comment n'engagera-t-il pas sa responsabilité, s'il laisse les spéculateurs jouer à découvert? Et s'il lui est permis de les laisser jouer à découvert, quel est donc le sens, quelle est la portée de l'art. 86? Nous sommes, par conséquent, amené à dire que les marchés à terme sont impraticables sous l'empire du Code de Commerce de 1807 (1).

Il nous reste à examiner les art. 421 et 422 du Code Pénal.

Art. 421. — Les paris qui auront été faits sur la hausse ou la baisse des effets publics seront punis des peines portées par l'art. 419. (Emprisonnement d'un mois au moins, d'un an au plus, et amende de 500 à 10,000 fr. — Les coupables pourront, en outre, être mis, par l'arrêt ou le jugement, sous la surveillance de la haute police pendant deux ans au moins et cinq ans au plus.)

Art. 422. — Sera réputée pari de ce genre, toute convention de vendre ou de livrer des effets publics qui

(1) Voir, dans l'ouvrage de M. Jeannotte-Bozérian, t. 1, n° 289, la réfutation du système contraire défendu par M. Mollot.

ne seront pas prouvés par le vendeur avoir existé à sa disposition au temps de la convention, ou avoir dû s'y trouver au temps de la livraison.

On a prétendu que ces deux articles du Code Pénal avaient complètement abrogé la législation antérieure, et notamment les arrêts du Conseil ; on a affirmé qu'ils avaient accompli une révolution définitive dans la théorie des marchés à terme, qui seraient désormais délivrés du cortège d'entraves dont ils étaient autrefois entourés ; on a dit enfin qu'ils avaient fondé un état de choses entièrement nouveau, en conciliant les droits de la morale avec les besoins de l'intérêt public, en faisant justice des erreurs du passé et en entrant dans la voie du progrès moderne, qui jusqu'alors avait été fermée par de misérables craintes sans base certaine.

Nous allons rechercher s'il est vrai que les art. 421 et 422 renferment le principe d'une révolution aussi profonde, et s'il est juste de soutenir qu'ils aient promulgué l'abrogation irrévocable des arrêts du Conseil. Une grande partie de la jurisprudence ne l'admet pas. Nous estimons, conformément à de nombreux documents qui expriment notre opinion, que le changement n'est pas assez radical pour entraîner les conséquences de la doctrine que l'on prête au législateur de 1810. Selon nous, il n'y a que modification partielle de l'ancienne législation, et il est facile de le démontrer.

En premier lieu, une ordonnance du 12 novembre 1823, qui a introduit à la Bourse la cote du cours des effets publics étrangers, que l'on n'autorisait pas auparavant, déclare (art. 2) que l'arrêt du Conseil du 7

août 1785 est rapporté, *en ce qu'il concerne de contraire
à la présente*. L'arrêt du 2 août 1785 ne permettait pas
de coter les effets étrangers. On le rapporte, non pas en
entier, mais seulement en ce qu'il a de contraire avec
l'ordonnance de 1823; ce qui prouve que cet arrêt,
dans la pensée du rédacteur de l'ordonnance, est encore obligatoire et qu'il doit être exécuté dans toutes
celles de ses dispositions qui ne sont pas légalement
rapportées(1).

En second lieu, l'art. 90 du Code de Commerce, qui
décide qu'il sera pourvu postérieurement, à une époque
indéterminée, par des règlements spéciaux, à tout ce
qui est relatif à la négociation et à la transmission des
effets publics, doit pareillement être mis hors de cause;
car il indique et il annonce une intention pour l'avenir; il ne révoque et n'annule rien.

Il faut dès-lors trouver dans le Code Pénal seul la
révocation qui ne se rencontre nulle part ailleurs.

Or, il est évident que l'art. 422 édicte une double
disposition qui n'avait jamais été insérée dans les lois
précédentes. Il modifie la pénalité et les circonstances
caractéristiques du délit. Au lieu d'être condamnés à
24,000 livres d'amende, les coupables sont maintenant passibles de l'emprisonnement, de la surveillance de la haute police et d'une amende dont le minimum est porté à 500 fr. et le maximum à 10,000. Sous
l'empire des anciens textes, ils encouraient la peine

(1) Considérant de la Cour de Cassation : arrêt du 4 août 1824; Perdonnet contre Forbin de Janson.

précitée, lorsqu'ils n'avaient pas obéi à la prescription facultative du dépôt des effets négociés ou des pièces probantes de leur propriété; sous l'empire du nouveau, il leur est accordé une latitude plus grande; ils sont moins rigoureusement assujettis aux formalités préliminaires des negociations auxquelles ils se livrent. Ils sont frappés plus sévèrement; mais il leur est possible d'échapper à la condamnation qui les menace, toutes les fois qu'ils établissent que les titres par eux négociés étaient entre leurs mains au temps de la convention, ou avaient dû s'y trouver au moment de la livraison. Ainsi, d'après l'art. 422, la peine est différente; d'après lui également, les conditions intrinsèques du délit ont cessé d'être les mêmes.

Que doit-on en conclure? L'abrogation résulte-t-elle nécessairement de cette double modification? Oui, si l'art. 422 est inconciliable avec les arrêts du Conseil. Non, si la disposition de l'un et les injonctions des autres sont susceptibles d'être exécutées simultanément. Eh bien, l'art. 422 règlemente la pénalité en matière de jeux de Bourse; les arrêts du Conseil règlementent la légalité ou l'illégalité des marchés à terme au point de vue civil. Le premier, par conséquent, n'est pas inconciliable avec les seconds. Au point de vue civil, c'est aux arrêts du Conseil qu'il faut se reporter, pour reconnaître si telle opération est sérieuse ou fictive, sanctionnable ou annulable; au point de vue pénal, c'est à l'art. 422 qu'il faut demander si l'opération a présenté ou non les éléments d'un délit punissable : il y a une séparation bien nettement dessinée entre les deux hypothèses. Les confondre, c'est nier les principes les plus élémentaires du droit; c'est oublier les notions les plus vulgaires de la science juridique.

« En droit, dit M. Coffinières, comment argumenter du criminel au civil? De ce qu'un fait ne suffit pas pour faire prononcer une disposition pénale, comment conclure qu'il n'est pas suffisant pour faire prononcer une nullité civile? N'y a-t-il pas une foule d'actes annulés pour dol ou fraude, dont les auteurs ne sont pas poursuivis pour escroquerie et abus de confiance? Quand le législateur s'est occupé de rechercher, non la légalité pénale, mais la légalité civile du marché, il ne s'est pas préoccupé de ce qui devait se passer à une époque plus ou moins éloignée du contrat, indifférente à ce contrat lui-même; mais il a dû rechercher la preuve au moment du contrat; il ne l'a trouvée que dans la livraison, le dépôt ou le certificat de propriété contemporaine. »

Ainsi, les attributions du Droit criminel et du Droit civil sont distinctes. Si les tribunaux correctionnels ont mission d'examiner une circonstance particulière, celle de la possibilité d'exécution de la part du prévenu, cela ne préjuge en rien des devoirs qui appartiennent aux tribunaux civils. La juridiction ordinaire se prononcera en vertu des règles du Droit commun et non du Droit exceptionnel. C'est ce que Merlin (1) a aussi proclamé, avant M. Coffinières :

« On sait, écrit-il, qu'il n'en doit pas être, à cet

_____

(1) **Questions de Droit**, effets publics, § 1.

égard, des cas où il s'agit d'intérêts privés, comme des cas où il s'agit de la vindicte publique. Dans le premier, la loi civile ne fait qu'user d'un pouvoir légitime, lorsqu'elle refuse tout effet à un marché qui a été fait à terme, sans remplir les formalités dont l'absence comporte, à ses yeux, la preuve qu'il n'est qu'un pari déguisé. Dans la deuxième, la loi criminelle s'armerait d'une rigueur excessive, si, de ce qu'un marché à terme n'est pas revêtu des formes requises pour être obligatoire dans l'intérêt privé des contractants, elle inférait qu'il doit être puni comme s'il n'était réellement qu'un pari, sans permettre de prouver par tout autre moyen qu'il n'en a pas le caractère. »

Il est donc vrai d'affirmer que la législation pénale de 1810 n'a pas capacité pour révoquer la législation civile qui l'a précédée, et que ces deux législations ne sont ni contraires, ni incompatibles. Ainsi, par exemple, le vendeur d'effets publics, qui aura spéculé sur des différences de Bourse, sans aucune intention de livrer les titres qu'il détient réellement, pourra être acquitté en police correctionnelle et condamné devant les tribunaux ordinaires, qui lui refuseront le droit de poursuivre l'exécution de son marché et la réalisation de son gain.

En supposant même que l'art. 422 ait abrogé les arrêts du Conseil, admettrions-nous aussi qu'il eût révoqué, par une conséquence immédiate, les art. 85 et 86 du Code de Commerce? Nous en revenons toujours là forcément; car avec un tel système d'abrogation illimitée, que deviendraient les règles fondamentales de

la profession d'agent de change? Que ferions-nous de
l'obligation du secret! Que signifierait la recomman-
dation pourtant si formelle de ne rien payer pour leurs
clients, et de ne jamais descendre à engager leur propre garantie à l'occasion des marchés dont ils ont le
monopole? Nous le répétons de nouveau : ou bien il
est nécessaire de supprimer ces deux articles et de
dénaturer l'institution tout entière de la compagnie des
agents de change, ou bien il est impossible de méconnaître que les marchés à terme sont impraticables avec
la prétendue tolérance du Code Pénal. Il n'y a pas de
milieu. Si les opérations à découvert sont autorisées,
les agents de change interviendront de leur propre
chef et exposeront leur responsabilité. Or, le législateur commercial a entendu qu'il était indispensable
que leur intervention personnelle fût toujours rigoureusement écartée. Peut-on en douter, lorsque nous
lisons ce passage extrait du Discours préliminaire de
la commission chargée de la confection du Code de
Commerce (1)?

« Il ne peut y avoir de sûreté pour le commerçant,
si l'intermédiaire ne conserve pas un caractère de neu-
tralité absolue entre les contractants qui l'emploient.
Dès que son intérêt peut être attaché directement ou
indirectement à la négociation dans laquelle il s'entre-
met, il trompe nécessairement une des parties, *et souvent toutes les deux.....* Nous avons cru nécessaire de
leur donner, autant qu'il était en nous, l'indépendance

(2) Locré, Législ. civ. et com., t. **xxxvii**, p. 88.

qu'ils doivent avoir, en leur interdisant toute espèce d'opération pour leur compte, *en leur ôtant même la faculté de se rendre garants des marchés qu'ils concluent et d'en assurer l'exécution.* »

Tel est donc le vœu des rédacteurs du Code de Commerce. Malheureusement, il n'est que trop démontré que les agents de change, poussés par l'appât de bénéfices considérables, de droits de commissions, de courtages et autres, qui augmentent en proportion de l'alea qu'ils assument, ne craignent pas de fournir leur garantie (les procès dont les tribunaux retentissent en sont la preuve), et c'est au moyen des marchés à terme qu'ils parviennent à tourner les sages précautions de la loi.

M. Troplong, dans une vive et éloquente discussion, s'est efforcé vainement de réfuter le système que nous venons de résumer et que nous empruntons à l'arrêt de 1824, si savamment élaboré en audience solennelle par la Cour suprême, à l'occasion du célèbre procès de l'agent de change Perdonnet contre le comte Forbin de Janson. Malgré le respect que nous professons pour les doctrines de cet éminent magistrat, dont nous avons plus d'une fois, dans le cours de ce travail, invoqué l'autorité et l'appui, nous avons cru devoir soutenir ici une thèse contraire à la sienne, et voici comment nous répondons aux objections principales qu'il fait à notre système.

L'arrêt de 1824, à la suite du considérant par lequel il pose en principe que l'art. 422 et les arrêts du Conseil ne sont pas inconciliables, avait eu le tort d'avan-

cer que ces arrêts ne prononcent que dans un intérêt
exclusivement civil. C'est là une inadvertance bien lé-
gère et qui n'est imputable, sans doute, qu'à un simple
défaut de mémoire. Mais l'ensemble de la théorie n'en
est pas ébranlé. Que les arrêts du Conseil aient été à la
fois et le Code Pénal et le Code Civil des marchés à
terme, peu importe, s'il est établi que la matière est
aujourd'hui scindée, en ce sens que le civil et le pénal
marchent parallèlement en face l'un de l'autre, sans se
nuire. Telle est exactement, nous le croyons, la pensée de la Cour de Cassation. Ce que l'art. 422 a abrogé
dans les arrêts du Conseil, c'est seulement la partie
criminelle qui a été remaniée et modifiée.

Evidemment, comme nous le disions plus haut, la
condition et la peine du délit sont changées ; mais il est
incontestable aussi que cette double innovation n'exerce
aucune influence sur le caractère juridique du marché
à terme. On peut s'en convaincre, en relisant l'art. 422.
Il y a, dans la manière dont il est conçu, une preuve certaine de la séparation des deux compétences. L'art. 421
nous annonce que les paris sur la hausse ou la baisse
des effets publics, seront punis des peines de l'art. 419.
Les paris sur les effets publics, le terme est général :
c'est celui des arrêts du Conseil. On serait donc tenté
de croire, si l'art. 421 existait seul, que tous les marchés à terme, quels qu'ils soient, sont réprimés par
l'art. 419 ; mais vient l'art. 422 qui pose une exception, une exception purement restreinte au sujet qu'il
traite et que nous pouvons formuler ainsi : bien que
des ventes à terme aient eu lieu sur les effets publics,

néanmoins les vendeurs auront le privilége de se soustraire aux conséquences pénales de leur action, s'ils
réussissent à convaincre les magistrats que ces effets
existaient à leur disposition au temps de la formation
du contrat, ou devaient s'y trouver au temps de la livraison ; ils échapperont alors à la condamnation qui
pesait sur leur tête. Que s'ils sont acquittés, faut-il en
induire qu'ils avaient formé des conventions pures de
toute illégalité et juridiquement sanctionnables ? Non
pas. Ils ont joué à l'origine ; si ce ne sont pas des coupables, ce sont des joueurs, et l'art. 1965 du Code
Napoléon est là pour imposer silence à leurs prétentions.

Il est tellement vrai que leurs opérations sont consi-
dérées comme étant illicites, nulles, frappées d'une défaveur toute particulière, que le législateur pénal nous
le fait comprendre hautement lui-même dans sa manière de parler : Sera réputée pari de ce genre, toute
convention de vendre ou de livrer des effets publics...
sera réputée ab initio, à priori, par présomption juris
et de jure, sauf la preuve contraire. Le magistrat est
tenu de voir dans une pareille vente un acte immoral
et punissable, jusqu'à ce qu'on lui ait fourni des ex-
plications pleinement satisfaisantes. Et chose singulière,
tandis que dans les autres matières criminelles il appartient au ministère public de démontrer les faits in-
criminés, ici c'est au prévenu qu'incombe une preuve
spéciale et essentielle, de sorte que l'avocat impérial
peut s'en tenir à une simple allégation qui demeure
victorieuse, tant que le vendeur n'apporte pas des té-
moignages irrécusables de sa bonne foi. En vérité, il

n'y a point là un motif plausible de décider que l'article 422 a abrogé les arrêts du Conseil, sous le point de vue de la nullité civile.

Et d'ailleurs il ne faut pas oublier les termes généraux de l'art. 421. Si large que paraisse la restriction qui le suit, il est manifeste que la proscription a été aussi formelle, aussi sévère, aussi implacable qu'en 1724, 1785 et 1786.

. Oui, la proscription du Code Pénal est aussi complète que celle des arrêts du Conseil. Bien qu'on ait soutenu maintes fois que l'art. 422 est une loi de finances, non une loi de morale et de conscience ; bien qu'on ait plaidé devant les tribunaux qu'il n'atteint pas un grand nombre de jeux, dont l'immoralité est pourtant égale et contre lesquels les honnêtes gens s'élèvent énergiquement, nous voulons parler des paris sur la hausse des effets publics, on n'a pas assez, selon nous, rapproché de cet article celui qui le précède ; celui qui condamne absolument tous les paris à la hausse ou à la baisse, et nous sommes, dès-lors, amené à l'examen d'une question subsidiaire, qui a été la source de vives discussions et sur laquelle il est bon de nous arrêter un instant.

On prétend que le vendeur à terme est seul puni par le législateur de 1810, parce qu'il n'a été fait mention que de lui et qu'on ne s'est pas préoccupé de l'acheteur. L'acheteur jouirait donc d'une liberté très étendue ; il ne serait pas atteint par le Code Pénal, si ce n'est dans certaines circonstances où sa mauvaise foi serait tellement démontrée qu'il deviendrait impossible

de fermer les yeux sur sa conduite criminelle. Hors de
là, toute facilité lui serait laissée. Pourvu qu'il n'éveille
pas trop vivement l'attention des magistrats, on consent à jeter un voile complaisant sur ses agissements,
et il lui est ainsi donné la faculté de se livrer, presque
sans crainte, en supposant qu'il soit habile, à des opérations d'une nature au moins équivoque. Ce n'est pas
tout. On a cherché à légitimer cette prétendue tolérance
du Code Pénal; on a affirmé que les acheteurs, c'est-à-
dire les spéculateurs à la hausse, rendaient d'énormes
services au crédit public, et qu'il importait de les favoriser. C'est donc ce qui expliquerait la distinction
posée par les deux art. 421 et 422 entre les acheteurs
et les vendeurs. On ajoute encore qu'il serait singulier
de demander à l'acheteur qu'il fût nanti, à l'époque de
l'achat, des fonds nécessaires au paiement de son opération. Pourquoi, en effet, achète-t-il à terme? C'est
qu'il ne veut pas et ne peut pas payer comptant. S'il
avait ses fonds disponibles, il n'achèterait pas à terme,
mais bien au comptant, attendu que, d'ordinaire, le
cours au comptant est moins haut que le cours à terme.
On en a conclu, dès-lors, que l'acheteur n'était jamais
répréhensible, soit qu'en réalité il fût insolvable au jour
de la formation du contrat, soit que son insolvabilité
ne se fût déterminée que dans l'intervalle de ce jour à
celui de la livraison. Par conséquent, les personnes
qui traitent avec lui sont autorisées à suivre sa bonne
foi (1), dans sa moralité aussi bien que dans les ressour-

(1) Cour de Paris, 9 juin 1836.

ces que peuvent lui faire supposer sa position sociale et sa fortune apparente.

Nous ne contestons pas que les acheteurs à terme soient moins rigoureusement assujettis que les vendeurs aux formalités préliminaires des transactions dans lesquelles ils paraissent ; mais, d'un autre côté, il est certain qu'ils n'échappent pas impunément aux rigueurs de l'art. 419 ; car la Cour de Paris, dans l'arrêt du 9 juin 1836, qui proclame que l'agent de change a le droit de suivre la bonne foi de l'acheteur, proclame aussi que la preuve du but fictif ou sérieux du marché résulte de l'ensemble des circonstances. Les circonstances donneront à l'achat le caractère d'une opération sérieuse ou fictive ; la moralité, la position sociale, les ressources apparentes du spéculateur, voilà des éléments d'appréciation en matière civile ; voilà également des éléments de culpabilité ou de non-culpabilité en matière criminelle. Il est donc laissé à la sagesse des juges de vider la question de savoir si l'acheteur à terme a joué sur les effets publics ; s'il a joué, son opération sera frappée de nullité en vertu de l'art. 1965 du Code Napoléon, et pourra lui valoir, en outre, une condamnation correctionnelle en vertu des art. 419 et 421 du Code Pénal.

Ainsi, la tolérance du Code Pénal se réduit purement et simplement, à l'égard des acheteurs, au droit commun, suivant lequel le ministère public est tenu de prouver les faits qu'il incrimine, tandis que le vendeur est toujours réputé, par une présomption légale juris et de jure, avoir commis un délit, et ne se lave de l'ac-

cusation qui l'atteint nécessairement, qu'au moyen
d'une preuve dont il est obligé de fournir lui-même les
éléments pour sa défense.

En résumé, les tribunaux ont un pouvoir discrétionnaire pour poursuivre les acheteurs et les juges ex
æquo et bono ; ils sont, au contraire, obligés de considérer comme un délit l'acte du vendeur, quand il se
produit dans les conditions précisées par la loi.

Les deux art. 421 et 422 restent donc comme pro-
tecteurs de la morale publique, et s'ils ont été rarement
appliqués, il est impossible, cependant, de contester
leur puissance.

L'opinion que nous venons de présenter sommaire-
ment se trouve consignée tout entière dans un remarquable arrêt de la Cour de Toulouse, rendu le 25 décembre 1856 (1). Voici comment il s'exprime sur le
sens des deux articles précités :

« Attendu qu'inspirés par le désir d'arrêter les désordres de l'agiotage et de préserver les familles de ses
funestes entraînements, aussi bien que par le besoin de
satisfaire à des nécessités politiques, ils atteignent également les joueurs, soient qu'ils aient dirigé leurs opérations *vers l'élévation* ou *la dépréciation* des valeurs
cotées à la Bourse ;

« Attendu que ces deux articles forment deux dispositions distinctes et séparées ; que l'art. 421, en même
temps qu'il énonce le délit, le définit et le caractérise ;

(1) Cet arrêt est inédit ; nous en avons pris le texte au greffe de la
Cour.

qu'isolé, et par sa propre force, il suffit pour le punir; que la preuve résulte de son texte et de la manière dont il s'unit à l'article suivant, auquel il n'est rattaché que par une simple assimilation; qu'en disposant que les paris qui ont pour objet la hausse ou la baisse des effets publics, sont un délit, l'art. 421 veut réprimer le jeu; qu'il doit l'atteindre, dès qu'il se produit, quelle que soit la forme sous laquelle il se montre.....

« Attendu que l'art. 422 qualifie pari de ce genre la convention de vendre ou de livrer des effets publics que le vendeur ne prouvera pas avoir été à sa disposition au temps de la convention, ou avoir dû s'y trouver au temps de la livraison; que l'objection prise de ce que cette disposition n'est applicable qu'à celui qui a vendu, ne saurait prévaloir; qu'elle est incontestablement sans fondement..... (1). »

Les prévenus, P... et L..., qui avaient été acquittés en police correctionnelle, furent condamnés à 100 fr d'amende et aux dépens.

Il en avait été de même, en 1843, à l'égard des sieurs Bagieu et de Villette, qui s'étaient livrés à des jeux illicites. Le sieur Bagieu, agent de change, avait prêté son ministère à de Villette, avocat, son client, pour lequel il avait conclu un grand nombre d'opérations fictives. Le tribunal de la Seine, le 7 juin 1842, leur fi[t] application des art. 419, 421 et 422 du Code Pénal. Bagieu fut condamné à 5,000 fr., et de Villette

(1) 3e Chambre, appels de police correctionnelle. Présidence de M. Martin. Ministère public : M. Gastambide, procureur-général; conclusions conformes.

13

à 500 fr. d'amende. Bagieu seul interjeta appel. Le 12 janvier 1843, la Cour confirma, à son égard, la sentence des premiers juges, en réduisant toutefois l'amende à 1,000 fr.

Il n'existe, dans les annales de la jurisprudence, que deux documents de ce genre; mais, comme le disait M. Barbier, avocat-général, dans les savantes conclusions qu'il a données récemment devant la Cour de Paris, à propos de la demande en restitution de sommes perdues à la Bourse (affaire Moreau), s'ils sont rares, ces exemples de juste sévérité n'en sont pas moins remarquables, et il suffit que les agioteurs puissent craindre les effets de la condamnation qui les menace, pour qu'ils se tiennent en garde contre les dangers de leurs coupables manœuvres.

En résumé, il ne faut donc pas soutenir que le Code Pénal a montré une impardonnable faiblesse pour les jeux à la hausse, puisque ces jeux sont réprimés par l'art. 421. On voit, en effet, que l'art. 421 punit également tous les genres de paris, qu'ils aient pour but la hausse ou la baisse des effets publics. Si le législateur a voulu définir les éléments constitutifs du délit dans l'opération du vendeur, cela signifie seulement qu'entre tous les genres de jeux à la Bourse, il y a une espèce de pari qui est toujours réputée délit, sauf la preuve contraire; mais cela ne signifie point que les autres paris soient moins sévèrement châtiés. La différence entre les ventes et les achats ne consiste, sous le point de vue criminel, que dans la présomption légale qui s'attache plus particulièrement aux négociations des

vendeurs, pour les déclarer délictueuses, tandis que les
acheteurs ne sont pas considérés, de plein droit, comme
ayant fait un acte illégal. Quant à eux, le délit s'appré-
cie, de même que dans tous les procès ordinaires, par
l'ensemble des circonstances matérielles et intention-
nelles de la cause, et cette appréciation est réservée aux
tribunaux par l'art. 421.

La difficulté se simplifie d'ailleurs, en pratique, à
l'aide d'une dernière observation qui nous est suggérée
par le mécanisme même des jeux de Bourse. S'il était
vrai que le Code Pénal, par une fâcheuse négligence,
ne se fût pas préoccupé des acheteurs à terme, comme
les agioteurs ne se contentent jamais d'une opération
unique, parce que leurs intérêts ne se liquident qu'a-
près avoir passé par mille péripéties, à la suite de
transactions multiples dans lesquelles ils changent de
face à chaque instant, il est à peu près impossible de
ne pas rencontrer une vente à côté d'un achat : acheteur la veille, le client est vendeur le lendemain, et
cela infailliblement, à moins qu'il ne se retire, en
emportant son gain ou en acceptant sa perte. Or, les
jeux de Bourse (c'est ce qui se voit tous les jours), ne
se terminent pas au gré des spéculateurs et avec la
rapidité dont ils semblent être doués. Ils contiennent
une force d'attraction comparable à la puissance de
certaines machines à engrenages : quand l'opération
est en marche, il faut la continuer. Non-seulement
elle ne s'arrête pas à un moment précis, mais encore
elle ne reste pas uniforme. Il sera donc rare de ne pas
pouvoir signaler la présence de ventes nombreuses au

milieu d'opérations qui avaient pour but des achats, et alors les juges ne seront plus embarrassés, soit pour en prononcer la nullité, soit pour sévir contre les joueurs.

Nous avons maintenant répondu, au point de vue des textes, aux objections soulevées par M. Troplong. Notre tâche n'est pas terminée. Nous devons aussi rechercher si les marchés à terme sont indispensables au crédit public, et s'il n'est pas nécessaire que la législation qui les proscrit soit promptement révoquée par une loi plus sage et mieux édifiée sur les véritables besoins du commerce, de l'industrie, de la richesse et de la prospérité de la nation.

Ici notre rôle sera très restreint, car nous ne nous sommes pas proposé d'apprécier les jeux de Bourse sous le rapport économique et politique ; nous avons déjà dit que le cadre de notre dissertation se renferme exclusivement dans les limites des documents de la jurisprudence. Cependant, on ne peut nous savoir mauvais gré de nos efforts, si nous sortons un moment de notre domaine, pour exposer quelques idées pratiques sur une matière dont l'importance, de l'aveu de tous, est capitale.

En premier lieu, nous condamnons hautement l'agiotage, et nous répondrons à ses partisans, qui invoquent à son profit les grands mots d'intérêt social, de nécessité absolue, de crédit public, ce que M. Oscar de Vallée leur répondait, dans son livre des Manieurs d'argent : ce rempart est devenu banal ; le crédit public n'est pas là, pas plus que le plaisir n'est dans la débauche, ni la liberté dans la licence !

Au point de vue du crédit public, l'agiotage est un mal plutôt qu'un bien, parce qu'il n'empêche pas les brusques variations des cours, qui lui sont au contraire favorables et sans lesquelles il ne se soutiendrait pas lui-même. Il amène le discrédit des valeurs les plus utiles et les plus sérieuses; il ne vit que de fictions et non de réalités. Il n'est pas l'indice de la prospérité de là France; car on voit souvent les moments de hausse coïncider avec ceux où la souffrance du commerce et de l'industrie se révèlent par d'importants sinistres (1). Il n'est pas non plus indispensable (s'il est vrai qu'il l'ait été autrefois), avec notre nouveau système d'emprunts, qui peuvent s'accomplir à l'aide des marchés à terme sérieux, sans le concours des spéculations immorales. Il nous paraît en outre certain que le gouvernement, dans le but de leur succès, doit veiller, avec la plus grande sollicitude, à ce qu'ils ne soient pas une occasion de bénéfices illicites pour les agioteurs et désastreux pour le pays, parce que les particuliers, les rentiers, les capitalistes, les honnêtes gens, risquant de demeurer seuls chargés des mauvaises chances, lorsque toutes les bonnes auront été épuisées, seront portés à mettre moins d'empressement et de patriotisme dans leurs souscriptions.

Au point de vue de l'économie politique proprement dite, l'agiotage anéantit le fondement essentiel du commerce. Par l'appât de ses gains énormes, il détourne les capitaux de la véritable industrie; par la nature de

(1) M. Jeannotte-Bozérian.

son mécanisme, il ne produit rien, il n'enfante rien. Complètement stérile pour la société, qui n'en recueille aucune richesse, il est la source d'une immense dépréciation qui a pour résultat de détruire l'équilibre naturel des objets négociés. Il élève la chose vendue au-dessus de sa valeur réelle ; l'acheteur subissant une perte proportionnelle au bénéfice du vendeur, le vendeur étant d'un autre côté le plus souvent un acheteur déguisé, et réciproquement, il s'ensuit que ses négociations restent improductives pour le pays et ne sont profitables qu'à ceux qui les emploient.

Au point de vue de l'économie sociale, les spéculations agioteuses sont encore très funestes. Elles conduisent à la ruine des familles ; elles poussent les joueurs aux entreprises les plus désordonnées ; elles jettent dans leurs âmes le plus dur égoïsme et font toujours passer l'intérêt d'un seul avant celui de tous. Il n'y a pas enfin que le patrimoine des spéculateurs qu'elles compromettent, car elles s'accompagnent trop souvent de manœuvres odieuses, de délits et de crimes commerciaux : charlatanisme, fraudes, monopole, accaparement, concussion, infidélité, chantage, escroquerie, vol ; voilà les moyens devant lesquels elles ne reculent pas (1).

Au point de vue de la politique, l'agiotage peut exercer une déplorable influence sur le sort des gouvernements. Nous l'avons déjà fait remarquer, en citant un passage de la conversation du général Bonaparte

(1) M. Proudhon, Manuel de la Bourse, p. 12.

avec le comte de Mollien. Toutes les paroles de cette
conversation mériteraient d'être rapportées, tant elles
sont empreintes d'une admirable clairvoyance et de
profonds enseignements pour les souverains. « Il semble, s'écriait le Premier Consul, que le négoce des rentes soit, à Paris, l'affaire de tout le monde, excepté des
propriétaires seuls; et comme les soi-disant acheteurs
et vendeurs ne font, en effet, que parier les uns sur les
autres que tel sera à telle époque l'état du cours, chacun d'eux, pour gagner son pari, *prétend diriger la politique de toute l'Europe vers le but qu'il veut atteindre;*
chacun invente, commente, pénètre dans les cabinets
des ministres, fait parler les ambassadeurs, dispose de
la paix et de la guerre, agite et égare l'opinion, toujours si avide de nouveautés et d'erreurs, surtout en
France, que plus on la trompe, plus on a d'empire sur
elle. » — Indépendamment des prétentions de l'agiotage à la direction des affaires de la nation, n'est-il pas
démontré que plus d'une fois, dans le cours de l'histoire contemporaine, il a préparé et activé les révolu-
tions ?

Au point de vue des mœurs publiques, il serait téméraire d'ajouter quelques traits aux tableaux qui
nous ont été présentés par de puissants écrivains sur la
dépravation causée par l'agiotage, sur l'amour du luxe
et des jouissances matérielles; qu'il nous suffise de renvoyer au Mémoire de Daguesseau, au Traité d
M. Coffinières, au Discours de rentrée prononcé devant la Cour de Paris par M. l'avocat-général Barbier,
au Livre des Manieurs d'argent et à tant d'autres écrits

que tout le monde a lus comme nous. L'agiotage est un
triste fléau, une source de corruption incessante ; chacun le sait, chacun le pense et l'affirme; il n'est plus
besoin de le prouver.

Est-ce à dire pourtant que les marchés à terme, dont
l'agiotage fait de si grands abus, doivent être impitoyablement proscrits? Non. L'art. 422 du Code Pénal,
en punissant les marchés fictifs, a par cela même proclamé la légalité et l'utilité des marchés sérieux. Il est
incontestable qu'à la Bourse il peut y avoir un commerce légitime auquel la morale n'est pas contraire,
un but louable, des opérations utiles au crédit public ;
il est incontestable aussi que toutes les transactions qui
s'y traitent ne sont pas et ne doivent pas être circons-
crites dans le cercle trop restreint des marchés au
comptant.

L'état de la législation sur les marchés à terme est
peut-être en opposition avec les idées modernes sur
les libertés et les franchises du Droit commercial ;
il ne leur laisse peut-être pas assez d'étendue et de
facilité, mais de là à croire que tous les marchés à
terme soient impossibles, il y a encore loin. Cette législation est vivement critiquée; car nous avons vu combien elle suscite d'obstacles aux spéculations à découvert, qu'elle redoute beaucoup et dans lesquelles elle est
toujours disposée à apercevoir un délit. Toutes les fois
qu'elle rencontre une vente d'effets publics non accompagnée de dépôt préalable, elle déclare, en vertu d'une
présomption juris et de jure, que c'est un pari. Elle
n'admet la validité du marché à terme que sous certai-

nes conditions, sous certaines garanties, qui sont une marque de sa défiance ou de son extrême précaution.

Ainsi les marchés à terme sont licites, quand ils sont conclus entre des spéculateurs qui ne se proposent pas uniquement la réalisation d'un gain sur des différences de cours.

Mais pourquoi est-il donc défendu de spéculer à découvert? Pourquoi le législateur ne veut-il pas qu'à la Bourse les marchés à terme soient valables, sans avoir été précédés du dépôt des effets vendus? Comment justifier une dérogation aussi anormale aux principes du Droit commun? Ne sait-on pas que, d'après l'article 1130 du Code Napoléon, les choses futures peuvent être l'objet d'une obligation? Ne sait-on pas également que chaque jour, dans le commerce, on vend ce qu'on n'a pas (1)? Le commerce ne vit que de la vente de la chose d'autrui; à l'aide des ressources infinies que les relations commerciales procurent de ville à ville, de peuple à peuple, on vend et on achète chaque jour, sur les points les plus divers et les plus éloignés les uns des autres, les productions de toutes les parties du monde (2). Dès-lors on ne comprend pas quel est le motif qui a pu porter la loi à refuser aux négociations de la Bourse, négociations éminemment commerciales, les facultés dont jouissent toutes les transactions commerciales et civiles. Si le vendeur d'un

_____

(1) Oui, cela n'est que trop vrai, par malheur, et c'est ce qui explique le mot ironique du Faiseur de M. de Balzac : Les affaires, c'est l'argent des autres!

(2) Voir une intéressante dissertation sur les marchés à terme, par M. Bédarride, avocat à la Cour de Montpellier.

effet public vend une chose qu'il ne détient pas, qu'il
ne possède pas actuellement, il en vend une dont il a le
droit de se dire le propriétaire futur; car, avec de l'argent, il lui sera toujours possible d'acheter à la Bourse
l'effet qu'il a vendu et qu'il s'est engagé à livrer à son
acheteur.

Lors de la discussion des articles du Code Pénal relatifs aux marchés à terme (voir M. Mollot, introduc-
tion, p. 16), on avait proposé de réputer jeu de Bourse
ou *stellionat*, constituant un délit, la vente faite sans la
possession des effets au moment du marché. Napoléon,
qui présidait souvent et qui éclairait de son génie les
séances du Conseil d'État, demanda l'avis de M. Bos-
cary-Villeplaine, syndic des agents de change, présent
à la discussion. Le syndic lui fit cette réponse peu élé-
gante, mais pleine de vérité : Sire, lorsque mon porteur d'eau est à ma porte, commettrait-il un stellionat, en me vendant deux tonneaux d'eau, au lieu d'un
qu'il a ? Non certainement, puisqu'il est toujours certain de trouver à la rivière celui qui lui manque. Eh
bien, Sire, il y a à la Bourse une *rivière de rentes*. »

La Bourse est le marché des effets publics; c'est une
rivière de rentes; par conséquent, il est licite à tout individu, quel qu'il soit, de promettre qu'à une époque
déterminée par la convention il achètera telle quantité
de rentes, d'actions de chemin de fer, de valeurs industrielles, pour les livrer plus tard à son créancier. Il
ne les possède pas au jour du contrat. Peu importe : il
ira les puiser au réservoir commun, à l'entrepôt public,
de même qu'un négociant va acheter sur le marché les

marchandises qu'il n'a pas dans ses magasins et qu'il a pourtant vendues à son correspondant.

On voit que l'argumentation est pressante. Elle ne s'arrête pas là. Les novateurs, les défenseurs de la théorie progressive, ainsi appelée par M. Troplong, se demandent s'il n'est pas puéril d'admettre que le dépôt préalable soit un moyen infaillible de discerner à priori une opération à terme sérieuse d'une opération fictive. Est-il juste de prétendre que l'obligation de lever ou de livrer les titres doive seule imprimer au marché un caractère sérieux ? Lorsque d'ailleurs la formalité du dépôt fut imaginée par les arrêts du Conseil, elle avait sa raison d'être. On craignait que la vente des effets publics ne s'élevât au-delà même de leur importance numérique. Pour éviter le retour du scandale offert par l'accaparement de l'abbé d'Espagnac, on cherchait en quelque sorte à les compter et à les toucher du doigt. Mais aujourd'hui, ajoute-t-on, avec l'immense extension de notre grand-livre, une semblable crainte serait ridicule. Le dépôt des titres est doublement inutile, parce qu'il n'est plus justifié et parce qu'il apporte une entrave considérable aux négociations. Il peut en outre engendrer de nouveaux abus, en fournissant aux agioteurs un nouvel élément de gain. M. Proudhon signale spirituellement l'inefficacité apparente de cette obligation du dépôt ou de la possibilité de possession recommandée par l'art. 422. « Quel agioteur, dit-il, n'est en position de trouver des amis qui lui prêtent, pour une heure seulement, des titres au porteur qui lui donnent un aspect de rentier-propriétaire, d'homme hono-

rable? Si l'affaire en vaut un jour la peine, il ne man-
quera pas de s'établir un bureau de location de titres à
l'usage des joueurs qui voudront échapper aux suites
désastreuses d'un pari, en montrant, pièces en mains,
qu'ils ont entendu faire une vente réelle. » Un bureau
de location de titres destinés à abuser les magistrats,
à éluder le Code Pénal, l'invention est ingénieuse et
piquante; mais, en vérité, que prouve-t-elle? La supercherie des prévenus, et non l'impuissance de la loi.

Quant au reproche d'inconséquence dont est ac-
cusée la législation des jeux de Bourse, qui ne veut
pas que les spéculateurs puissent impunément se livrer à des négociations sur des effets qu'ils n'ont pas
entre leurs mains, tandis que l'art. 1130 du Code Civil
ne s'oppose pas à ce que les choses futures deviennent
l'objet d'une convention et par suite d'une obligation,
il est facile d'y répondre; car la matière des opérations conclues à la Bourse intéresse l'ordre public et la
société tout entière. L'art. 1130, il est vrai, est une
règle générale; mais, comme toutes les règles, celle-ci
comporte des exceptions. Une succession future, par
exemple, ne peut pas donner lieu à des stipulations,
sauf dans quelques circonstances spécialement pré-
vues, et l'intérêt de la morale explique cette dérogation au droit commun. De même, en matière de marchés à terme sur les valeurs cotées à la Bourse, il
importe au bon ordre de la société que la liberté des
spéculations ne dégénère pas en licence, et le législateur a pensé qu'il était nécessaire de ne pas leur accorder des franchises trop considérables. S'est-il abusé?

Ses précautions ne sont-elles pas exagérées? Ce n'est pas à nous qu'il appartient de l'affirmer ici. Quoique l'art. 422 du Code Pénal nous paraisse contenir une doctrine un peu trop rigoureuse, nous ne savons pas s'il n'est pas préférable de la conserver telle qu'elle est. Lorsque l'on est témoin tous les jours des excès de l'agiotage en face même de la loi, n'est-il pas à redouter que la suppression des mesures salutaires qui sont déposées dans les trois articles du Code Pénal relatifs à notre sujet, n'amène de plus nombreux et de plus honteux scandales? Si les agioteurs ne sont pas toujours suffisamment effrayés aujourd'hui par les dispositions répressives dont ils connaissent la puissance, que n'oseraient-ils pas, lorsque le législateur se désarmerait entièrement ou lorsqu'il se désisterait en partie de sa sévérité? Néanmoins il serait bon que le gouvernement prit des mesures plus complètes et surtout plus précises que celles qui nous régissent actuellement. Depuis l'art. 90 du Code de Commerce, on attend l'apparition d'une loi sur les effets publics. Quand paraitra-t-elle? Faut-il en désespérer? Sous tous les gouvernements, on a nommé des commissions qui n'ont rien réalisé. Cet état de choses est fâcheux, en présence des hésitations et des incertitudes de la jurisprudence, auxquelles il importe de couper court.

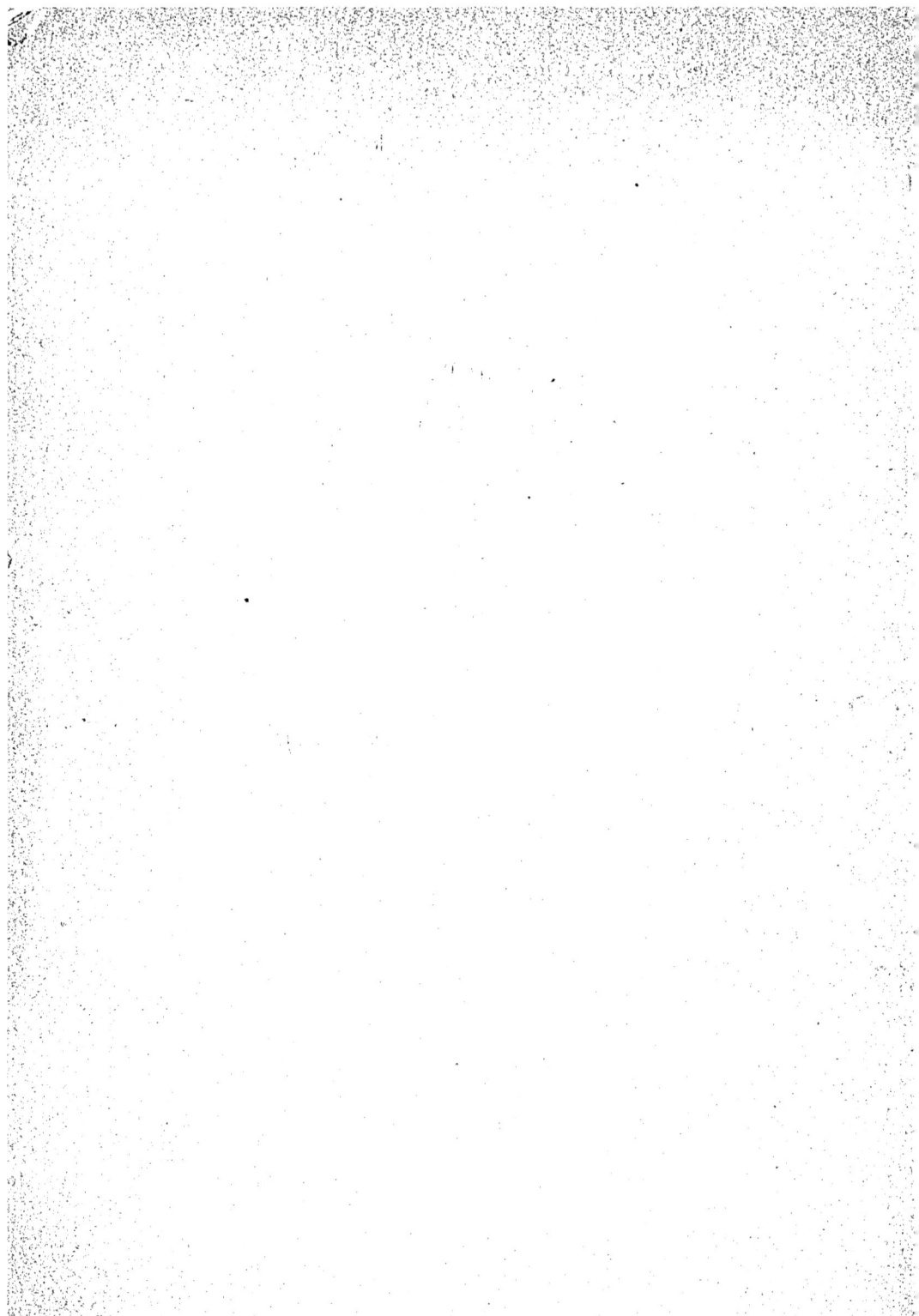

POSITIONS.

DROIT ROMAIN.

I. En Droit Romain, les dettes de jeux de hasard ne produisaient pas d'obligation naturelle.

II. La répétition était accordée contre le gagnant, en haine des jeux et à titre de peine.

III. Les résultats de la loi 3, au titre de condictione ob turpem vel injustam causam, sont injustifiables : le juge qui se laisse corrompre, soit à l'occasion d'un procès où le plaideur est certain d'obtenir gain de cause en vertu du droit, soit à l'occasion d'un procès inique, ne devrait pas, rationnellement, être autorisé à retenir l'argent qu'il a reçu.

IV. Les contrats illicites étaient régis par les mêmes principes que les contrats honteux.

V. A Rome, les argentarii étaient exclusivement chargés, comme chez nous les agents de change, d'opérer les ventes et les achats des matières métalliques ; ils avaient le monopole de ces négociations, et il est plus que probable qu'ils en constataient le cours.

VI. Le change était connu des Romains : le droit de change est appelé collybum par Cicéron.

VII. Le mineur, même infans, était capable de posséder, au moyen de l'animus et de l'auctoritas tutoris.

DROIT FRANÇAIS.

Code Napoléon.

I. En Droit Français, les dettes de jeu produisent une obligation naturelle.

II. L'art. 1967 n'est pas fondé sur l'ancienne maxime : in pari causa, melior est causa possidentis.

III. En matière de cession d'offices ministériels, l'usage des contre-lettres est illicite ; cependant le cessionnaire est tenu envers le titulaire par un lien de morale et de conscience.

IV. La loi française s'oppose à ce que la femme étrangère, divorcée conformément aux lois de son pays, puisse, son premier mari vivant, contracter mariage en France avec un Français.

V. La demande en séparation de corps ne peut pas être repoussée par une fin de non-recevoir tirée de ce que l'époux demandeur serait, lui-même, coupable de faits pareils à ceux qu'il reproche à son conjoint, ou même de faits d'une nature différente, mais qui formeraient également contre lui une cause de séparation.

VI. Le notaire qui a fait des avances pour acquitter les droits d'enregistrement, peut de plein droit réclamer les intérêts de ces avances, à partir du jour où elles ont eu lieu.

VII. Le droit réel d'emphytéose n'existe plus sous notre législation actuelle.

VIII. L'usage est impuissant à abroger les lois.

IX. Après dix ans, l'architecte et les entrepreneurs sont déchargés de la garantie des gros ouvrages qu'ils ont faits ou dirigés, art. 2270 ; mais, si l'édifice s'écroule avant l'évolution complète de ces dix années, le propriétaire aura trente ans pour agir, à compter de la chute de sa maison.

X. Le testament contenant une institution générale et universelle au profit d'un individu déterminé, est révoqué par un testament postérieur qui nomme un légataire général et universel différent, alors même que celui-ci serait incapable de recueillir, et que d'autre part le second testament ne renfermerait pas de clause révocatoire expresse.

Droit criminel.

I. L'art. 135 du Code Pénal s'applique à la remise en circulation de billets de banque contrefaits que le possesseur avait reçus de bonne foi.

II. Les expressions de l'art. 434, édifices habités et servant à l'habitation, doivent s'étendre aux dépendances comprises dans la clôture ou enceinte générale.

III. L'ivresse ne peut pas être rangée au nombre des excuses légales.

Droit commercial.

I. La lettre de change souscrite par un mineur et ratifiée, à sa majorité, par acte séparé conférant hypothèque, reprend, par l'effet de cette ratification, toute sa valeur commerciale, notamment en ce qui concerne la contrainte par corps, quand même cette voie d'exécution n'a pas été formellement stipulée dans l'acte de reconnaissance de la dette.

II. L'usage en vertu duquel les intérêts du reliquat d'un compte-courant entre commerçants et banquiers sont capitalisés, à la suite d'arrêtés de comptes fournis

14

plusieurs fois par an, à des époques périodiques, est illicite.

III. En matière de jeux de Bourse, les couvertures, remises par un client à son agent de change, ne forment pas un paiement anticipé, mais seulement un nantissement *sui generis* qui ne sert qu'à garantir les opérations réellement sérieuses; lorsque des couvertures ont été livrées pour garantir des opérations illicites, elles sont sujettes à répétition.

IV. Les sociétés pour l'exploitation d'une charge d'agent de change sont illégales.

Procédure civile.

I. La femme dotale ou séparée de biens, qui a produit à l'ordre sur le prix des immeubles de son mari et n'a été inscrite que pour une somme inférieure à celle que lui assurait son contrat de mariage, est déchue de son droit, si elle a laissé s'écouler, sans contredire, le mois qui lui était accordé, à partir de la sommation de l'ordre provisoire; mais elle est relevée de cette déchéance, si un créancier postérieur contredit en temps utile son allocation, en prétendant qu'il lui a été accordé un rang antérieur à celui que lui assurait la date de son hypothèque. Ce qui est certain, au surplus, c'est qu'elle serait admise contre ce créancier à ressaisir son droit par voie reconventionnelle et à écarter la déchéance dont les autres créanciers produisants voudraient la frapper.

Droit administratif.

I. La loi du 24 vendémiaire an IV, relative à la responsabilité des communes, n'atteint pas celle qui prouve qu'elle a fait tout ce qui était en son pouvoir pour empêcher les troubles.

Histoire du Droit.

I. L'origine des Bourses de Commerce remonte jusqu'aux collegia mercatorum des Romains.

II. La Société d'acquêts est une institution coutumière dérivée de la communauté et modifiée par l'esprit de dotalité qui régnait dans les provinces du Midi. Elle fut principalement pratiquée en Guienne et surtout à Toulouse : les époux s'associaient expressément aux acquêts, et souvent, par une clause subsidiaire du contrat de mariage, ils réservaient ces acquêts aux enfants à naître de leur union.

Vu par le président de la Thèse,
G. DEMANTE.

Vu par le doyen de la Faculté de Droit,
DELPECH.

VU ET PERMIS D'IMPRIMER :
Pour le recteur en congé,
L'inspecteur d'Académie délégué,
J. E. PEYROT.

Toulouse. — Typographie BAYRET, PRADEL et Ce.

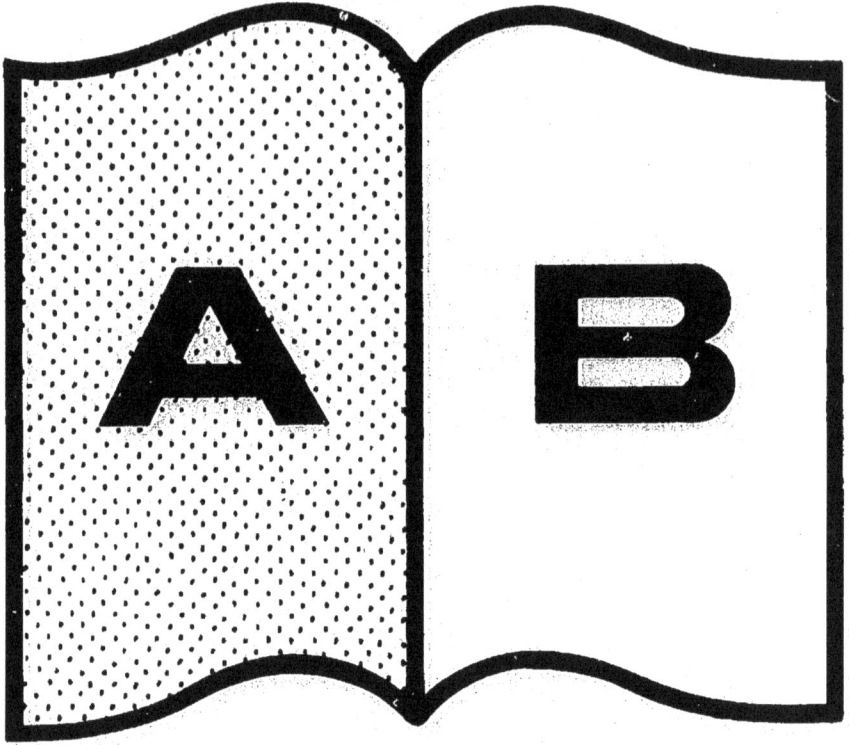

Contraste insuffisant

NF Z 43-120-14

www.ingramcontent.com/pod-product-compliance
Lightning Source LLC
Chambersburg PA
CBHW070528200326
41519CB00013B/2976